中学校
新学習指導要領

数学の授業づくり

玉置　崇
Tamaoki Takashi

明治図書

まえがき

　この本は，文部科学省が2017年7月に公表した「中学校学習指導要領解説 数学編」をベースに，実際の授業で，教師は具体的に何をどのようにすべきかを述べたものです。

　新しい中学校数学科の目標は，次のようになりました。

> 　数学的な見方・考え方を働かせ，数学的活動を通して，数学的に考える資質・能力を次のとおり育成することを目指す。
> (1) 数量や図形などについての基礎的な概念や原理・法則などを理解するとともに，事象を数学化したり，数学的に解釈したり，数学的に表現・処理したりする技能を身に付けるようにする。
> (2) 数学を活用して事象を論理的に考察する力，数量や図形などの性質を見いだし統合的・発展的に考察する力，数学的な表現を用いて事象を簡潔・明瞭・的確に表現する力を養う。
> (3) 数学的活動の楽しさや数学のよさを実感して粘り強く考え，数学を生活や学習に生かそうとする態度，問題解決の過程を振り返って評価・改善しようとする態度を養う。

　ここで，みなさんに問いたいと思います。
○数学的な見方・考え方を働かせるとは，どういうことでしょうか？
○生徒が数学的な見方・考え方を働かせる授業は，どう展開したらよいでしょうか？
○生徒が数学的な見方・考え方を働かせている姿を，どのように捉えたらよいでしょうか？

FOREWORD

○数学的活動は，事象を数理的に捉えることから始まりますが，生徒に事象を数理的に捉えさせるために，教師はどうしたらよいでしょうか？
○事象を数学化するとは，授業では具体的にどのような場面でしょうか？
○事象を論理的に考察する力を付けるために，どのように授業を展開すればよいでしょうか？
○数学を生活や学習に生かそうとする態度を育てるために，教師には何が必要でしょうか？

　これらの問いの解説は，新しい学習指導要領の解説にも書かれていますが，実際の授業でどのようにしたらよいのかまでは書かれていません。それは教師自身が考えるべきことだとも言えますが，多くの先生方と交流している中で，もう少し具体的に示さないと，新しい学習指導要領を授業に反映できない方が多いのではないかという思いから，この本を書きました。
　さらに，授業技術に特化したコーナーも随所に設けました。生徒とともによい数学授業をつくり出すためには，授業進行の根幹になるものが必要です。その1つが授業技術です。

　学習指導要領が改訂されると，多くの書籍が発刊されますが，本書は他に類がない内容で，数学授業をより充実したものにすることに大いに自信をもっています。本書を折に触れて活用していただけることを祈念しています。

2018年5月

玉置　崇

目次

まえがき

第1章
新しい学習指導要領の捉え方

❶新学習指導要領はこう捉えよう……………………………………………010
❷数学科の目標はこう変わった………………………………………………012
❸数学科の内容はこう変わった………………………………………………016
❹移行された内容………………………………………………………………018

第2章
数学的な見方・考え方を働かせるとはどういうことか

❶「数学的な見方・考え方」とは何か…………………………………………022
❷「数学的な見方・考え方」が働かない授業から考える……………………026
❸「数学的な見方・考え方」を働かせた授業例（1年・数と式）……………028
❹「数学的な見方・考え方」を働かせた授業例（2年・数と式）……………030
❺「数学的な見方・考え方」を働かせた授業例（3年・数と式）……………032
❻「数学的な見方・考え方」を働かせた授業例（1年・図形）………………034
❼「数学的な見方・考え方」を働かせた授業例（2年・図形）………………036
❽「数学的な見方・考え方」を働かせた授業例（3年・図形）………………038

❾「数学的な見方・考え方」を働かせた授業例（1年・関数）……………040
❿「数学的な見方・考え方」を働かせた授業例（2年・関数）……………042
⓫「数学的な見方・考え方」を働かせた授業例（3年・関数）……………044
⓬「数学的な見方・考え方」を働かせた授業例（1年・データの活用）…046
⓭「数学的な見方・考え方」を働かせた授業例（2年・データの活用）…048
⓮「数学的な見方・考え方」を働かせた授業例（3年・データの活用）…050

第3章
数学的活動を通すとはどういうことか

❶ 数学的活動とは何か……………………………………………………054
❷ 第1学年の数学的活動の事例……………………………………………056
❸ 第2学年の数学的活動の事例……………………………………………060
❹ 第3学年の数学的活動の事例……………………………………………064

第4章
数学的に考える資質・能力を育成するにはどうすればよいか

❶「事象を数学化する」とはどういうことか……………………………070
❷「数学的に解釈する」ことと「数学的に表現・処理する」こと………072
❸「数学を活用して事象を論理的に考察する力」とは何か………………074
❹「統合的・発展的に考察する力」とは何か……………………………076

❺「数学的な表現」と「簡潔・明瞭・的確に表現する力」……………078
❻「数学的活動の楽しさ」はどうしたら感じさせられるか……………080
❼そもそも「数学のよさ」とは何か……………………………………082
❽「数学を生活や学習に生かそうとする態度」を育てるには…………084
❾「問題解決の過程を振り返って評価・改善しようとする態度」
　を育てるには……………………………………………………………086

第5章
各学年・領域の授業づくりのポイント

❶第1学年「数と式」の授業づくりのポイント……………………………090
❷第1学年「図形」の授業づくりのポイント………………………………094
❸第1学年「関数」の授業づくりのポイント………………………………098
❹第1学年「データの活用」の授業づくりのポイント……………………102
❺第2学年「数と式」の授業づくりのポイント……………………………106
❻第2学年「図形」の授業づくりのポイント………………………………110
❼第2学年「関数」の授業づくりのポイント………………………………114
❽第2学年「データの活用」の授業づくりのポイント……………………118
❾第3学年「数と式」の授業づくりのポイント……………………………122
❿第3学年「図形」の授業づくりのポイント………………………………126
⓫第3学年「関数」の授業づくりのポイント………………………………130
⓬第3学年「データの活用」の授業づくりのポイント……………………134

第6章
新しい学習指導要領を具現化するための数学教室づくり

❶「主体的・対話的で深い学び」を生み出す教室づくり……………………140
❷考えを表現し伝え合う活動ができる集団づくり……………………………144
❸ごく自然に数学用語・記号が飛び交う教室づくり…………………………148
❹知識・技能がきっちり定着する教室づくり…………………………………150
❺ICT等を効果的に活用する教室づくり………………………………………152

あとがき

第1章

新しい学習指導要領の捉え方

CHAPTER
1

第1章

新学習指導要領は
こう捉えよう

1 「未来予測困難」がキーワード

　平成29年3月に告示された新しい学習指導要領には，これまでの学習指導要領と大きく違うことがあります。今までの学習指導要領は，次期改訂までのほぼ10年先の社会を予想し，学習指導要領の内容を決めていました。例えば，10年先の日本では，子どもたちが自ら課題を見つけ，自らその課題解決を図っていく学習活動を行うことが必要だと考えられ，「総合的な学習の時間」が創設されました。

　ところが今回の学習指導要領改訂の大前提となっているのは，「未来予測困難」です。10年先と言わず，**ほんのちょっとした先のことも予測することが困難な時代になってきている**とされたのです。例えば，自動車の自動運転は現実化しつつありますが，数年経てば技術レベルは格段に上がり，車に行き先を告げるだけで目的地に到着できるようになるかもしれません。

　学習指導要領改訂の経緯について，新しい学習指導要領の解説には，次の文章があります。

> 　今の子供たちやこれから誕生する子供たちが，成人して社会で活躍する頃には，我が国は厳しい挑戦の時代を迎えていると予想される。生産年齢人口の減少，グローバル化の進展や絶え間ない技術革新等により，社会構造や雇用環境は大きく，また急速に変化しており，予測が困難な時代となっている。

また，人工知能（AI）も改訂の経緯に登場しています。

> こうした変化の一つとして，人工知能（AI）の飛躍的な進化を挙げることができる。人工知能が自ら知識を概念的に理解し，思考し始めているとも言われ，雇用の在り方や学校において獲得する知識の意味にも大きな変化をもたらすのではないかとの予測も示されている。

このような時代にあって，学校教育において子どもたちにどのような力を付けていくべきか，このことを示したのが，新しい学習指導要領だと捉えることが大切です。

2 子どもたちと「未来社会」を語り合おう

これまで述べたことは，教師のみが踏まえておけばよいことではありません。保護者も地域住民も，子どもたち自身も踏まえておくべきことです。
子どもたちに近未来を自由に想像させ，自分たちが社会に踏み出したときは，どんな世の中になっているかを考えさせるとよいでしょう。

「きっと想像すらできない社会になることは間違いない。その社会の変化に積極的に向き合い，いろいろな人たちと力を合わせて課題を解決していったり，様々な情報から本質を見極めたりして，自分を見失うことなく，大いに活躍してほしい。それが先生があなた方に対して願っていることだ。そのために身に付けてほしい力を考えた授業をするからね」
などと，教師は語りたいものです。

実は若いころ，先輩教師から「玉置君，数学の授業で子どもにどんな力を付けたいのだ？」と聞かれたときに，咄嗟に学習している単元を思い出し「確実に因数分解ができる力」などと実に恥ずかしい答えを述べたのです。「君のような教師には子どもは魅力を感じないよ」と，キツい一言をいただいた経験は，今でも忘れられません。

第1章 2

数学科の目標はこう変わった

1 新旧比較から目標を捉える

まず，新旧学習指導要領の目標を示します。上が新しい目標です。

> 　数学的な見方・考え方を働かせ，数学的活動を通して，数学的に考える資質・能力を次のとおり育成することを目指す。
> 　(1) 数量や図形などについての基礎的な概念や原理・法則などを理解するとともに，事象を数学化したり，数学的に解釈したり，数学的に表現・処理したりする技能を身に付けるようにする。
> 　(2) 数学を活用して事象を論理的に考察する力，数量や図形などの性質を見いだし統合的・発展的に考察する力，数学的な表現を用いて事象を簡潔・明瞭・的確に表現する力を養う。
> 　(3) 数学的活動の楽しさや数学のよさを実感して粘り強く考え，数学を生活や学習に生かそうとする態度，問題解決の過程を振り返って評価・改善しようとする態度を養う。

> 　数学的活動を通して，数量や図形などに関する基礎的な概念や原理・法則についての理解を深め，数学的な表現や処理の仕方を習得し，事象を数理的に考察し表現する能力を高めるとともに，数学的活動の楽しさや数学のよさを実感し，それらを活用して考えたり判断したりしようとする態度を育てる。

目標表記が詳しくなったと感じると思いますが，数学科だけではなく，他の教科も同様です。新しい学習指導要領では，各教科の目標が「知識及び技能」「思考力，判断力，表現等」「学びに向かう力，人間性等」の「三つの柱」で明確に示されたからです。

　先に示した目標の(1)が「知識及び技能」，(2)が「思考力，判断力，表現力等」，(3)が「学びに向かう力，人間性等」と対応しています。

　改訂のねらいに，現実の世界と数学の世界における問題発見・解決の過程を学習過程に反映させるような数学的活動を充実することがあります。新旧の目標の冒頭に記されている数学的活動の重みをますます感じなくてはいけないわけです。

　「数学的活動を通して」と記されてある以上，**数学的活動がなければ数学の授業ではないと言っても過言ではありません。**これまでの目標も同様でした。ぜひ日々の数学授業をこの機会に振り返ってみてください。常に数学的活動を授業の中に取り入れていたでしょうか。

2 「数学的な見方・考え方」がキーポイント

　新旧の目標を比べてみると，目標の冒頭から異なっていることに気付くことでしょう。
（新）数学的な見方・考え方を働かせ，数学的な活動を通して
（旧）数学的活動を通して

　「数学的な見方・考え方」については，第2章で詳しく述べますので，ここでは深入りしませんが，冒頭に置かれたこの「数学的な見方・考え方」については，授業レベルでよく理解しておくことが大切です。このこともあって，第2章を「数学的な見方・考え方を働かせるとはどういうことか」としました。

　もっとも，目標に「見方・考え方」という文言が明記されたのは，数学だけでなく，道徳を除くすべての教科です。参考にいくつかの教科を示してお

きましょう（いずれも中学校です）。

> 国　語　<u>言葉による見方・考え方</u>を働かせ，言語活動を通して
> 社　会　<u>社会的な見方・考え方</u>を働かせ，課題を追究したり解決したりする活動を通して
> 理　科　自然の事物・現象に関わり，<u>理科の見方・考え方</u>を働かせ，見通しをもって観察，実験を行うことなどを通して
> 外国語　<u>外国語によるコミュニケーションにおける見方・考え方</u>を働かせ，外国語による聞くこと，読むこと，話すこと，書くことの言語活動を通して

このように，冒頭に**「〜見方・考え方を働かせ，〜を通して」**と記されています。「見方・考え方」と「活動」がどれほど重要とされているかが分かると思います。

なお，新しい学習指導要領の解説には，次のように記されています。

> 「見方・考え方」を働かせた学習活動を通して，目標に示す資質・能力の育成を目指すこととした。これは，中央教育審議会答申において，「見方・考え方」は，各教科等の学習の中で働き，鍛えられていくものであり，各教科等の特質に応じた物事を捉える視点や考え方として整理されたことを踏まえたものである。

3 「生きる力」は言わなくなったという誤解

立場上，すでに数か所で新学習指導要領の解説をしています。その折，
「今度の学習指導要領では，『生きる力』という言葉は耳にしません。もう使わなくなったのですか？」

と質問されることがあります。これまでの改訂で強調されてきた「生きる力」という言葉は，トーンダウンしていると思われても仕方がありません。出てくる頻度が違うからです。

しかし，決して「生きる力」をなくしたわけでも変更したわけでもありません。

前項で書いたように，予測困難な社会の変化に主体的に関わり，よりよい社会と幸福な人生の創り手となる力を身に付けられるようにするためには，やはり「生きる力」が必要とされています。

今回はこうしたことを踏まえて，「生きる力」がより具体化されました。次の「三つの柱」で資質，能力として整理されたのです。

ア　何を理解しているか，何ができるか
　　（生きて働く「知識・技能」の習得）
イ　理解していること・できることをどう使うか
　　（未知の状況にも対応できる「思考力・判断力・表現力等」の育成）
ウ　どのように社会・世界と関わり，よりよい人生を送るか
　　（学びを人生や社会に生かそうとする「学びに向かう力・人間性等」の涵養）

したがって，各教科の目標がこの「三つの柱」で整理されたので，どの教科の目標も「～見方・考え方を働かせ，～を通して」という大前提を示し，その下に「三つの柱」に従った目標が示されているのです。

　つまり**「生きる力」は，「知識・技能」「思考力・判断力・表現力等」「学びに向かう力・人間性等」と言い換えられた**とみてもよいでしょう。

数学科の内容は
こう変わった

1 統計的内容の充実

　今回の中学校数学科の一番の変化は，統計的な内容が充実し，領域の4構成のうち，**「資料の活用」が「データの活用」となった**ことです。

　第1学年では，これまで通りヒストグラムや相対度数を扱いますが，「累積度数」も指導するようになりました。

　また，第2学年では，「四分位範囲」や「箱ひげ図」が新たに学習内容に入りました。

　この変化の背景にあることを整理しておきます。1つは，中央教育審議会の答申にあります。

> 　社会生活などの様々な場面において，必要なデータを収集して分析し，その傾向を踏まえて課題を解決したり意志決定をしたりすることが求められており，そのような能力を育成するため，高等学校情報科等との関連も図りつつ，小・中・高等学校教育を通じて統計的な内容等の改善について検討していくことが必要である。

　ここまで明確に書かれたのでは，当然ですが，何らかの改訂をしなければいけません。もちろん，異議を述べる人は皆無でしょう。

　2つめは，答申の基となっている社会の変化です。急速に発展しつつある情報化社会においては，多くの人が，様々なデータを手にすることができるようになってきています。データを用いて問題解決をする場面も多くみられ

るようになりました。

　マスコミを通じて「ビッグデータ」という言葉も耳にしていると思います。これまで得られなかった多くのデータを利用すると，新たなビジネスが生まれると言われています。現に教育界においても，生徒一人一人がタブレットを持つことによって，生徒一人一人の学習履歴（データ）を得ることができます。そのデータを有効活用して，個に応じた学習指導を展開しようというプロジェクトが開始されています。こうしたことから，統計的内容を充実させる必要があると判断されたのです。

　もちろん，小学校算数科においても，この統計的内容は変化しています。これまでの学習に加え，量的データの散らばりの様子や代表値の意味を捉えやすくするための方法としてドットプロットが導入されます。ドットプロットからデータの特徴や傾向を読み取ったり，最頻値や中央値を見つけたりする学習が算数科で行われることは，中学校数学教師として押さえておくべき重要事項です。

2　確率の内容も変化

　確率の学習内容も変化しています。

　第1学年では，これまで第2学年の内容であった「多数の観察や多数回の試行による確率」を学習します。いわゆる統計的確率です。

　第2学年では，数学的確率が扱われます。

　第3学年では，標本調査のアイデアを導入することで，統計的なデータと確率的なばらつきを統合した形で確率の理解を深めるようになりました。

　このように，**統計的なデータと確率を学習することで，統計的に問題解決できる力を付けるように中学校数学科の内容が変更されています。**

第1章

4 移行された内容

1 移行された内容と新たに指導する内容

次に示したものが，移行された内容と新たに指導する内容です。

第1学年（領域は「数と式」「データの活用」が該当）
- 用語「素数」　　　　　　　　　　　　　（小学校第5学年から）
- 自然数を素数の積として表すこと　　　　（中学校第3学年から）
- 用語「平均値，中央値，最頻値，階級」　（小学校第6学年へ）
- 用語「累積度数」　　　　　　　　　　　（新規）
- 多数の観察や多数回の試行による確率　　（中学校第2学年から）
- 誤差や近似値，$a \times 10^n$ の形の表現　　（中学校第3学年へ）

第2学年（領域は「図形」「データの活用」が該当）
- 用語「反例」　　　　　　　　　　　　　（新規）
- 四分位範囲や箱ひげ図　　　　　　　　　（新規）
- 多数の観察や多数回の試行による確率　　（中学校第1学年へ）

第3学年（領域は「数と式」が該当）
- 自然数を素数の積として表すこと　　　　（中学校第1学年へ）
- 誤差や近似値，$a \times 10^n$ の形の表現　　（中学校第1学年から）

移行内容を見てみると，やはり統計的分野を充実させようという意図がよ

く分かります。

2 小学校の「データの活用」領域の学習内容

　これらの移行内容はしっかり把握しておくべきですが，長年中学校に勤めている数学教師の中には，こういった変化に目を向けずに教室に向かう人がいます。「中学○年の数学は去年も担当したから大丈夫だ」という慢心があり，さらに授業を工夫してみようなどといった向上心がない教師です。
　こうした教師は，教科書を開き，「あれっ，いつからこの学年でこれを教えるようになったの？」などとつぶやき，それを生徒が耳にして「この先生は教科書さえ見てきていない」と教材研究不足を見透かされてしまうでしょう。このような教師になってはいけません。
　この機会に，小学校算数における「データの活用」領域の学習内容も把握し，中学校数学の授業に反映させるべきです。以下に，学年別に簡単に学習内容を紹介します。小学校から中学校への学習の流れを大づかみしておきましょう。

第1学年
・絵や図を用いた数量の表現

第2学年
・簡単な表やグラフ

第3学年
・データの分類整理と表
・棒グラフの特徴と用い方（最小目盛りが2，5などの棒グラフや複数の棒グラフを組み合わせたグラフを追加）

第4学年
- 2つの観点から分類する方法
- 折れ線グラフの特徴と用い方（複数系列グラフや組み合わせグラフを追加）

第5学年
- 円グラフや帯グラフの特徴と用い方（複数の帯グラフを比べることを追加）
- 平均の意味

第6学年
- 代表値の意味や求め方
- 度数分布を表す表やグラフの特徴と用い方（統計的な問題解決方法を追加）
- 起こりうる場合

第 **2** 章

数学的な見方・考え方を
働かせるとは
どういうことか

CHAPTER
2

「数学的な見方・考え方」とは何か

1 「数学的な見方・考え方」を重要視

「数学的な見方・考え方」について,新しい学習指導要領の解説では**「事象を,数量や図形及びそれらの関係などに着目して捉え,論理的,統合的・発展的に考えること」**と述べられています。

また,数学の学習では,「数学的な見方・考え方」を働かせながら,知識及び技能を習得したり,習得した知識及び技能を活用して探究したりすることにより,生きて働く知識となり,技能の習熟・熟達につながることが大切であると示されています。さらに,数学の学習を通して,より広い領域や複雑な事象を基に思考・判断・表現できる力や,自らの学びを振り返って次の学びに向かおうとする力などが育成され,「数学的な見方・考え方」がさらに豊かで確かなものとなっていくと述べられています。

「数学的な見方・考え方」がとても重要視されていることが分かります。整理すると,次のようになります。

― 知識・技能を習得する
― 習得した知識・技能を活用して探究
― 生きて働く知識と技能の習熟・熟達
― 広領域や複雑事象を基に思考・判断・表現
― 自らの学びを振り返り,次の学びへ

右側の項目を達成するために,「数学的な見方・考え方」を働かせること

が大前提になっているのです。さらに「数学的な見方・考え方」を働かせることによって，「数学的な見方・考え方」そのものが，豊かで確かになっていくわけです。極端な表現をすると，「数学的な見方・考え方」が働いていない授業は数学の授業ではないということです。

2 目標から分かる「数学的な見方・考え方」の重要性

　数学科の目標から「数学的な見方・考え方」の大切さが読み取れます。そのことを確認するため，新しい学習指導要領の目標を再掲します。

　数学的な見方・考え方を働かせ，数学的活動を通して，数学的に考える資質・能力を次のとおり育成することを目指す。
(1) 数量や図形などについての基礎的な概念や原理・法則などを理解するとともに，事象を数学化したり，数学的に解釈したり，数学的に表現・処理したりする技能を身に付けるようにする。
(2) 数学を活用して事象を論理的に考察する力，数量や図形などの性質を見いだし統合的・発展的に考察する力，数学的な表現を用いて事象を簡潔・明瞭・的確に表現する力を養う。
(3) 数学的活動の楽しさや数学のよさを実感して粘り強く考え，数学を生活や学習に生かそうとする態度，問題解決の過程を振り返って評価・改善しようとする態度を養う。

　冒頭の文言が「数学的な見方・考え方を働かせ」となっています。望ましい数学の授業であったかどうかの判断は，生徒が「数学的な見方・考え方」を働かせていたかどうかにかかっていると言っても過言ではないのです。

3 「数学的な見方・考え方」とは何か

　前述の通り「数学的な見方・考え方」とは「事象を，数量や図形及びそれらの関係などに着目して捉え，論理的，統合的・発展的に考えること」です。
　さらに「数学的な見方」と「数学的な考え方」に分けて説明されています。
　「数学的な見方」とは，**「事象を数量や図形及びそれらの関係についての概念等に着目してその特徴や本質を捉えること」**です。
　「数学的な考え方」とは，**「目的に応じて数，式，図，表，グラフ等を活用しつつ，論理的に考え，問題解決の過程を振り返るなどして既習の知識及び技能を関連付けながら，統合的・発展的に考えること」**です。

　ここでは，それぞれについて授業レベルで補足をしておきます。
　まず，「数学的な見方」の定義を基に，「事象を数量及びそれらの関係についての概念に着目」することを考えてみましょう。授業ではどのような場面に合致するでしょうか。
　例えば，下のような図を生徒に見せたとします。

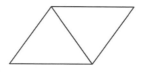

　生徒は様々な見方をするでしょう。数に着目し，5つの辺があると捉える生徒がいます。1つの三角形に辺を2つ加え，2つの三角形を構成していると見る生徒もいるでしょう。まわりに4つの辺があって，中に対角線があると見る生徒もいるはずです。いずれも数量に着目した見方です。**生徒がこの事象をどのように見るのかにまで教師が心及ばすことが生徒の「数学的な見方」を育てる第一歩**です。

次の図のように、三角形をどんどん増やしていくと、2辺が加えられ、三角形の数が増えていると見る生徒が多くなるかもしれません。
　さらに、「このようにして三角形が100個できたときに、辺はいくつあるでしょう？」と問いかけたら、生徒はこの事象をどのように見るでしょうか。

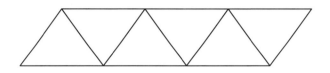

　ひょっとすると、「(三角形の数)×100－1」などといった関係式まで考える生徒が出てくるかもしれません。
　このような事象の数量やその関係に着目した見方が「数学的な見方」です。

　同様に「数学的な考え方」を授業レベルで説明しておきます。「目的に応じて数、式、図、表、グラフ等を活用しつつ」と定義の冒頭にあります。
　目的と必要感があって、数や式に表したり、表やグラフを活用したりしようとする考え方が「数学的な考え方」です。「この場合は表にしたらよく分かりそう」などといった考えをぜひ授業で生徒から引き出したいものです。
　「数学的な見方」について説明した例を基に具体的に述べます。
　生徒が事象を見て、「三角形が増えれば増えるほど辺は増えるわけだけど、規則がありそうだ」と発言したり、「三角形の個数と辺の数の規則を見つけるには、たくさんの例を調べるとよい」と表現したり、さらには「こういう場合は、表をつくったら分かりやすい」などと考えを述べたりする場面をつくることこそ、「数学的な考え方」を引き出すことです。
　「関数＝表、式、グラフの3点セット」などと、機械的に覚えさせる授業があります。ワークシートに表やグラフ用紙をつけて配付している授業があります。少なくとも、このような授業を重ねていたのでは、生徒の「数学的な見方・考え方」は育たないでしょう。

第2章

2 「数学的な見方・考え方」が働かない授業から考える

1 指導言のレベルから考える

あることを述べるのに、そうでないことを提示した方が伝わりやすい場合があります。そこで、ここではあえて、教師が生徒の「数学的な見方・考え方」を育てようとしていない授業に基づいて考えてみます。教師の指導言をレベル0からレベル5の段階にして示してみます。

右図の∠xの大きさを求める問題でその答えを生徒が発表したとします。

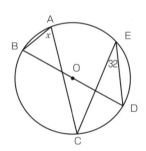

レベル0の教師
「はい、角度はその通りですね。では次の問題は…」

レベル1の教師
「正解ですね。よくできました。では次の問題は…」

レベル2の教師
「正解です。どのように考えたのですか？ なるほど、補助線を引いて解いたのですね」

レベル3の教師
「どうですか。皆さん、同じ角度ですか。そうです、正解です。補助線

BE を引いていますが，どうして補助線を引こうと思ったのですか？」

レベル4
「(レベル3の続き) 補助線 BE を引くと解けるからという理由では，他の場合に活用できませんね。大切なのはそこに補助線を引くと，なぜよいか分かることです」

レベル5
「(レベル4の続き) そうですよね。そこに補助線 BE を引くと，直径の円周角の性質が使えるようになるからですよね。補助線を引くことでこれまで学習した事柄が使えるようになりました。ただ単に，ここに補助線を引くとよいと覚えたのでは，問題が少し変わっただけで解けなくなってしまいます。ずっと使える見方・考え方まで意識しておくといいですね。授業では，こうしたことを大切にしていきましょう」

　レベル5のような対応がいつもできるとは限りませんが，教師が常に意識しているかどうかで，生徒の「数学的な見方・考え方」の伸びは随分と違ってくるはずです。

　改めて書きますが，「数学的な見方・考え方」は，「事象を数量や図形及びそれらの関係などに着目して捉え，論理的，統合的・発展的に考えること」です。先に示した問題であれば，∠x を弧 BC の円周角として見ることで，図形の中にある関係に着目することができるようになります。補助線 AD を引き，∠BAD が直角になることから∠x を求める生徒もいるでしょう。この考えも，弧 CD の円周角が32°であることに着目したり，∠BAD は直径の円周角であるという円の中にある関係に着目したりするからこそできるものです。**教師がこうした観点に授業で触れるかどうかで，生徒の「数学的な見方・考え方」の育ち方は変わってくるのです。**

「数学的な見方・考え方」を働かせた授業例（1年・数と式）

1 「正の数・負の数」の授業例

正の数・負の数の計算に入る前に，次の質問をします。

> 中学校になって，負の数を知りました。
> どのような便利なことがありましたか？

この単元の目標の1つに，正の数と負の数の必要性を理解することがあります。それに対応した質問の1つです。生徒からは，次の答えを期待したいものです。

・反対の方向や性質を数で表せるようになった。
・0より小さい数も数直線上で示すことができるようになった。
・減法がどんな場合でもできるようになった。
・減法を加法で表せるようになった。

このように，**数の拡張（負の数の学習）によって，どのような変化があったのかを振り返ることは，「数学的な見方」を育てる上で大切なことです。**

2 「文字の式」の授業例

次ページの文章を示し，数量の関係を等式に表せるかを考えさせてみましょう。

> 　3人で，ハンカチと花束の贈り物を買うことにしました。1人 a 円ずつ出すと，1枚 b 円のハンカチ3枚と3500円の花束が買えることが分かりました。

　教科書に掲載されている問題は，解答があるものばかりです。生徒は解答があって当然と思い込んでいます。だからこそ，時には，この問いのように，ちょっと意地悪することで，「数学的な考え方」を鍛えてみるのもよいのではないでしょうか。

　問いは「等式に表せるか」ですから，解答は「表せる場合もある」あるいは「等式だけではありません」となります。疑問に思われる方があるでしょう。文末が「買えることが分かりました」となっています。この文末を素直に解釈すると，ハンカチ3枚と花束の値段は，3人の集金額と同じか，あるいは多い場合の2通りと読み取ることができます。したがって，式には「等号」だけではなく，「不等号」も必要なのです。

　揺さぶりをかけることで，生徒は与えられた条件をしっかりつかみ，筋道立てて考えようとします。こうした過程で，「数学的な考え方」が育っていくのです。

●使える授業技術紹介

　1の質問「どのような便利なことがありましたか」は，聞き慣れない質問のため，はじめから考えようとしない生徒がいます。このような場合は，**まずはノートに単語でよいので答えを書くように指示する**とよいでしょう。

　その上で，生徒の机を順に回って，赤ペンで○を付けながら，書いていることを**学級全体に聞こえるほどの声で読み上げる**のです。志水廣先生は，これを「オープンカンニングさせる」と言います。何を書いてよいか行き詰まっている生徒も，読み上げをヒントに何かしら書くことができます。

「数学的な見方・考え方」を働かせた授業例（2年・数と式）

1 「式の計算」の授業例

　第2学年では，2つの文字を含む整式の加法や減法を学習します。
例えば，次のような計算です。
$$(5x-3y)-(2x-5y) = 5x-2x-3y+5y$$
$$= 3x+2y$$
　2年生になると，この計算がこれ以上できないことは分かります。しかし，1年では，$3x+2$ を $5x$ とする生徒がいます。等号（＝）のあとは，1つにまとめなくてはいけないと思い込んでいるためです。

　そこで，第2学年で上のような計算をした機会に，**なぜ $3x+2=5x$ ではないのかを説明させる**とよいでしょう。「$3x$ と2は同類項ではない」とか，第2学年での学習を基に，「$3x$ は x が3つ，2は1が2つであって合わせることはできない」など，2つの文字を含む計算を学習したからこそ，明確に説明でき，「数学的な見方・考え方」を働かせて，第1学年での学習をより納得できるものにするよい機会になるはずです。

2 「連立方程式」の授業例

　第2学年では，第1学年で学習した一元一次方程式を基に，二元一次方程式，連立二元一次方程式を学習します。方程式の解の意味，連立二元一次方程式の解き方などにおいては，「数学的な見方・考え方」を十分に働かせたいものです。

例えば，一元一次方程式（例　$2x-10=6$）と二元一次方程式（例　$2x+y=6$）を比較させて気付くことを発表させるとよいでしょう。
　だれもが文字の数が違うことは気付くでしょう。大切なことはここからです。**文字の数が違うと何が違ってくるかを考えさせる**のです。
　こうした抽象的な発問に反応できる生徒は少ないと思います。そこで，まず一元一次方程式の解を求めさせましょう。例の場合，$x=8$になります。解が1つに決まることを確認して，二元一次方程式の解を考えさせるのです。
　例の場合，解を自然数に限定すると，x, yは（1，4）（2，2）の2つになります。このように展開すると，「あっ，2つの文字だから解は2つだ」と短絡的に考える生徒がいます。
　解を自然数に限定せず，「他にもないの？」と聞けば，無数にあることに徐々に気付いていくことでしょう。このときの学びは，二元一次方程式のグラフにつながっていきます。
　連立二元一次方程式の解を求めるときは，まさに「数学的な見方・考え方」を働かせる場面です。一元一次方程式なら解くことができるということを基に，そこに帰着させる考え方のよさを味わわせたいものです。予習をしていて，その考え方をすぐに発表できる生徒がいるかもしれません。その際には，その考え方が全員で共有できるようにすることが重要です。

●**使える授業技術紹介**
　授業では，ある生徒が出した考えを学級全員で共有したい場面が必ず出てきます。その際に「いい考えですね。皆さん，分かりましたか？」といったつなぎ言葉で終えてしまっては，とても共有はできません。
　例えば，**「今の考えを隣同士で伝え合ってみましょう」**と指示し，表情豊かに対話しているペアを意図的に指名し，それを再現させてみるとよいでしょう。

「数学的な見方・考え方」を働かせた授業例（３年・数と式）

1 「平方根」の授業例

　第３学年では，新しい数として平方根を導入し，数の範囲を有理数だけではなく，無理数まで拡張します。このことは，教師にとっては大したことではありませんが，生徒にとっては，まさに大ジャンプするといった感覚だと思われるので，丁寧に扱いたい内容です。

　生徒は，教科書で「平方根」という言葉を目にしています。例えば，**「文字から，『平方根』がどのようなことを表しているか，イメージでいいので話してごらん」**と促してもよいでしょう。

　「平方」という言葉は，面積の単位で理解しているはずですから，２乗するといった表現は出てきます。また，思いつかなかった生徒も，納得はできることでしょう。「根」は，根っこをイメージする生徒がほとんどです。このようにして生徒の発言をつなぎながら，「平方根は２乗する根っこ，元のもの」といったイメージをもたせるようにして，教科書の導入教材をより生かす授業にしたいところです。

　教科書の単元とびらは，これからの学習内容をイメージさせるものが扱われています。ところが，とびらを扱わない，重要視していない教師がいて，残念に思います。とびらで伝えようとしていることをしっかり読み取ってください。「数学的な見方・考え方」を働かせたり，豊かにしたりする材料が並んでいることに気付きます。

2 「式の展開と因数分解」の授業例

　この単元では，多くの公式が登場し，生徒が活用できる段階まで指導しなければなりません。そのため公式を適用させることが中心になってしまいがちです。しかし，公式化するよさを実感させたり，公式を忘れた場合にも式を処理できるようにしたりすることも重要です。
　3年生だからこそ，**「なぜ公式があるのだろう？」** と問うてみることが，生徒の「数学的な見方・考え方」を豊かにすることにつながります。

3 「二次方程式」の授業例

　二次方程式を学ぶ際，これまでの方程式の学習を振り返る機会をつくるとよいでしょう。第1学年の一元一次方程式，第2学年の連立二元一次方程式，第3学年の二次方程式を比較させ，二次方程式を解くための方法を考えることは，まさに数学を「創る」体験で，価値ある学習です。
　その際，連立二元一次方程式を一元一次方程式に帰着させた学習経験から，**「二次方程式は次数を減らして一次にするとよいのではないか，そのような方法をこれから学ぶのではないか」** といった方向性だけでもよいので，生徒から出させたいところです。やらされる学習から自ら取り組む学習へと授業を変えるためにも，こうした展開を試みたいものです。

●使える授業技術紹介
　特定の生徒の発言だけで進行していく授業を見ることがあります。教師の問いかけに素早く反応してくれる生徒の存在はうれしいものです。しかし，あまりにも発言者が偏ってしまうと，全員参加という授業の原則から外れてしまいます。そこで，教師が問いかけ，ある生徒から意見が出されたら，**意識して他の生徒に「なるほど！　どう？」とつなぐ**ことをおすすめします。

「数学的な見方・考え方」を働かせた授業例（1年・図形）

1 「平面図形」の授業例

　第1学年の平面図形では，図形の性質に着目し，基本的な作図の方法を考察し表現することが内容としてあります。授業では，この「考察し表現する」という文言を具現化しましょう。

　考察とは「見た・調べた結果（事実）から，物事を明らかにするために深く考える」という意味です。

　ここでは，角の二等分線を学習する場面において，考察することを大切にした展開の一提案をします。

　最初に「角の二等分線」とはどういうものかを説明します。定義ですから知らせればよいのです。その上で，角の二等分線を観察させるのです。気付くことをたくさんあげさせるとよいでしょう。

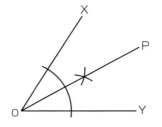 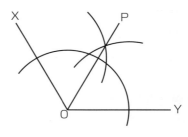

　その中で，∠XOYの二等分線OPで折り返すと，「OXとOYが重なる，OPはOXとOYから同じだけ離れている」など，対称性に気付いた発言が出てくることでしょう。しかし，これはあくまでも見た結果を述べているに過ぎません。それが間違いないというために，どのようなことをしたらよい

かまで考えさせることです。

　ここでは**「実際に OP で折ってみて重なるかどうかを確かめればよい」**という素朴な考えを大切にしたいものです。実際にやってみるとその通りです。

　これを基に∠XOY の二等分線をどのようにして作図したらよいか，観察した結果を基に，まさに数学化するのです。

　作図の定義を知らせていなければ，分度器で角の二等分点を１つとればよいという考えも出てくるでしょう。経験上，**はじめから定義せず，こうした考えが出されたときに，作図の定義を知らせた方が印象に残る**ようです。

　分度器が使えないことは残念ですが，点を１つとれば，点 O と結ぶことで角の二等分線 OP を引けると考えたことは大いにほめておきたい事柄です。そのうちに生徒の頭の中には，OP が引けた場合に，OX 側と OY 側に同じ図形があればよいといったことが浮かんできます。授業でこうした思考過程をしっかりとることで，「数学的な見方・考え方」は豊かになるのです。

　角の二等分線で少々時間がかかっても，このときの考察経験は，線分の垂直二等分線や垂線の作図で多いに生かすことができ，短時間でアイデアは生まれてきます。

　また，このような考察の過程を大切にする中で，図形の見方が豊かになり，例えば，「角の二等分線，線分の垂直二等分線，垂線の作図は，対称性に着目すれば同じものだ」といった発言ができる生徒も現れることでしょう。

●使える授業技術紹介

　物事を伝える際に，比較できるものを示すことは有効です。例えば，**「角の二等分線」について説明する際に，「角の三等分線」も説明する**ことで，「二等分線」の特徴を自然に捉えさせることができます。二等分線と三等分線ではどこが違っているのかに気付かせることで，生徒は双方の定義を明確に理解していきます。

第2章

7

「数学的な見方・考え方」を働かせた授業例（2年・図形）

1 「図形の調べ方」の授業例

　第2学年では，基本的な平面図形の性質を見いだし，平行線や角の性質を基にして，それらを確かめ説明する学習内容があります。授業では，この「見いだす」ことの具現化を図りましょう。

　見いだすとは，「気が付く」とか「発見する」と捉えておくとよいでしょう。

　一般的に，何かに気付くときは，同じような事象をたくさん目にして，「ここはいつも～になっているようだ」などと思うわけです。

　このことを頭において，例えば，「二直線が交わることによってできる向き合う角（対頂角）は等しい」ことに気付かせるには，二直線が交わっている事例をいくつも見せることから始めましょう。

　予習をしている生徒は，すぐに「向かい合う角が等しい」と発表することでしょう。他に気付くことがないからです。当然ですが，**だれもが納得できるようにこのことを説明できるようにしてください**と指示します。

　「対頂角が等しい」ことを説明する際には，第1学年の方程式で学習した「等式の性質」を生かすことができます。「等式の性質」を想起させながら，「180°から同じものをひいた残りは等しい」，つまり「等式の両辺から同じ数をひいても，等式は成り立つ」に帰着することをきっちり説明できるようにします。

　第2学年の図形は，論理的に説明する力を付けて高めることができる学習内容です。多くの教科書で，「対頂角は等しい」ことを明らかにすることが

論理的に説明する最初の場面になると思います。これからの学習の重点を意識させるためにも，丁寧に進めましょう。

2 「図形の性質と証明」の授業例

　数学的な推論を活用する場面は図形領域だけではありませんが，数学的な推論の必要性と意味を理解させ，適用場面をつくり出しやすい領域であることは確かです。

　数学的推論の中には，「帰納」「類推」「演繹」の３つの方法があります。学習指導要領では，この言葉を学習用語として扱っていませんが，生徒にも知らせるべき用語だと思います。

　帰納的な考え方を働かせる場面は，頻繁に出てきます。例えば，二直線が交わっている事例をたくさん見る中で対頂角が等しいことに気付く場面でも，帰納的な考え方を働かせているわけです。こういった場合に，**「いくつかの例から，〜ではないかと推測しましたね。これを『帰納的な考え方』と言います」**と伝えるのです。

　また，「平行四辺形で言えることは，ひし形でも言えるのではないか」など，類推的に考える場面でも，この用語を知らせましょう。さらに，推測したことが演繹によって，常に成り立つと言えるわけです。

　こうした用語は，**自分が働かせている考え方の違いをはっきりと自覚させる意味でも**知らせるとよいでしょう。

●使える授業技術紹介

　二直線が交わるいろいろな図を生徒に示してほしいとき，「黒板に二直線が交わる図をかいてください」とだけ指示すると，大きな図から小さな図まで様々な図がかかれ，全体から特徴を見つけることが難しい場合があります。こういうときは，**教師が１つの直線をあらかじめ何本もかいておき，もう１本を生徒にかかせるとよいでしょう。**

8 「数学的な見方・考え方」を働かせた授業例(3年・図形)

1 「図形と相似」の授業例

　第3学年の図形では,図形の性質を論理的に確かめ,数学的な推論の必要性や意味及び方法の理解を深め,論理的に考察し表現する力を養うことがねらいとされています。

　とはいえ,この学年となると,学力差が大きく,上記のようなねらいの達成はとても難しい生徒がいると言いたくなる数学教師の気持ちはよく分かります。「考えさせるより,教え込む方が能率的」という言葉を耳にすることもあります。

　しかし,そういった困難な状況を逆手に取り,理解が不十分な生徒の「数学的な見方・考え方」を生かしてみてはどうでしょうか。その生徒の「困り感」を出させる中で,「数学的な見方・考え方」をクローズアップすることができます。

　例えば,正方形を図のように折ったときにできる2つの直角三角形について,2つが相似になることを説明する問題を与えたとしましょう。

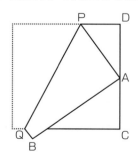

解決への見通しがつくかどうかを尋ね，何人の生徒が困っているかを把握します。このとき，よく見るのは，見通しがつく生徒に発表させる授業です。見通しがつかない生徒に指名しては，かえって数学嫌いを助長してしまうと考えるかもしれませんが，この「困り感」をうまく授業に生かしましょう。

教師　困っている人こそ，実は解決の糸口をもっているのです。どんなことに困っていますか？　今の気持ちを素直に言ってください。
生徒　何となく相似だなとは思うけど…。
教師　「何となく」でよいのです。どこから思うのですか？
生徒　（角Cと角Dのところを指して）ここが等しいから。
教師　いいですね。正方形の1つの角は90°であることを90°と書いていなくても分かっているのですから。こういう気付きの積み重ねが大切なのです。他に相似だなと思えることはありませんか？
生徒　同じ向きにしてみると，相似のように見えました。
教師　いいですね。「同じ向きにしなさい」と言われてもいないのに，そうできることがすばらしいです。こうした気付きをたくさん積み重ねることで数学が得意になっていきますよ。

　このように，「困り感」の価値付けをしながら励まし，その上で，見通しがつく生徒に，図形のどこに目を付けて考えているのか，何をはっきりさせようとしているかなどを確認します。得意な生徒と苦手な生徒の両者を生かしつつ，学級全員の「数学的な見方・考え方」を豊かにしていきましょう。

●使える授業技術紹介
　発言の中に気持ちが含まれている場合は，それも板書することをおすすめします。例えば，「難しそう」「ごちゃごちゃしている」などといった表現をすかさず記録します。問題解決過程で，「難しそう」が「できそう」に，「ごちゃごちゃしている」が「はっきりしてきた」などに変化するからです。

第2章

9

「数学的な見方・考え方」を働かせた授業例（1年・関数）

1 関数関係の意味を理解させる授業例

　関数関係の意味を理解させるには，身近な数量の関係の中で関数関係にあるものを確認することが1つの方法です。
　例えば，次のような問題があります。

> 　周の長さが24cmの長方形があるとき，縦の長さを x cm，横の長さを y cmとしたとき，x と y は関数関係にありますか。

　関数関係の意味を理解している生徒は，すぐに答えることができますが，よく分かっていない生徒は何を言っているのかが分からないでしょう。
　そこで，初期段階では，**問い方を工夫する**ことです。例えば，以下のように問うてみます。

> 　24cmのひもがあります。このひもを使って長方形をつくります。縦の長さを変えると横の長さは変わりますか。具体的に示してみましょう。

　このように問うと，どの生徒も，縦の長さが変わると横の長さが変わることは自信をもって答えることができます。大いにほめて，具体的数値をいくつか出させます。
　その上で，関数の定義を示します。「関数関係は，関係する2つの数量について，一方の値を決めれば他方の値がただ1つ決まる関係です。このとき，

『…は…の関数である』と言います」と伝えます。
　この定義に照らしながら、縦の長さと横の長さは関係する2つの数量と言ってよいか、縦の長さを決めると横の長さがただ1つに決まるかどうかを確かめます。
　さらに、「数学的な見方・考え方」を働かせるためには、条件を少し変えて、定義を基に関数関係にあるかどうかを考えさせることが有効です。

「ひもの長さを変えても、縦と横の長さは関数関係にありますか？」
「長方形ではなく、正方形をつくることにしたらどうでしょう？」
「縦の長さを変えると、横の長さの他に変わるものはないでしょうか？」

　「数学的な見方」は「事象を数量や図形及びそれらの関係についての概念等に着目してその特徴や本質を捉えること」ですから、この問いは、まさに「数学的な見方」を育てるものです。
　さらに「縦が6cmの長方形をつくろうとすると、横の長さも6cmになります。つまり正方形になってしまいます。この場合は外して考えるのでしょうか。それともよいと考えるのでしょうか？」といった問いで、生徒を揺さぶることもよいでしょう。

●使える授業技術紹介
　「縦の長さが変わると、横の長さは変わりますか」と問うたときに、挙手指名方式による発表はさせません。**列指名により、次から次に発表させて、授業にリズムを生み出します。**
　「変わります」という答えが3,4人続いたところで、では「縦が3cmなら横の長さは？」と急に問いを変えるのも、授業技術の1つです。集中していないと、すぐさま答えることができません。
　こうした授業技術で、生徒の集中力を高めることができます。

10 「数学的な見方・考え方」を働かせた授業例（２年・関数）

1 表をかく活動で「数学的な考え方」を豊かにする例

「数学的な考え方」とは，「目的に応じて数，式，図，表，グラフ等を活用しつつ，論理的に考え，問題解決の過程を振り返るなどして既習の知識及び技能を関連付けながら，統合的・発展的に考えること」です。

「式，表，グラフ」という言葉が入っていることから，関数の授業が，「数学的な考え方」を育てるのだと短絡的に考える人はいないと思いますが，表やグラフをかくこと自体が目的となっている授業が少なくないという実態はあるのではないでしょうか。

例えば，一次関数の式 $y = 2x + 1$ を提示し「x と y の表をかいてみましょう」と指示し，丁寧なことに，以下のような表まで用意してある授業です。

x	…	−3	−2	−1	0	1	2	3	…
y	…								…

表をかく目的が示されていないので，生徒にとってみれば，まさにやらされている活動です。常に具体的事例から学習を始めなくてはいけないとは言えませんが，表を扱うときでも，生徒が「数学的な考え方」を働かせるようにすることを意識しましょう。

例えば，一次関数 $y = 2x + 1$ を提示して，

「x が増えると y はどうなりますか？」

と，表をかく前に，x の変化による y の変化を問うてみます。こうして，「y

も増える。それならばどのように増えるのか」と考えながら表を作成していくのと，やらされ感だけで作業する場合とでは，活動の質がまったく違います。

時には，「なぜ x を表の上段にかくのだろう？」と尋ねてもよいでしょう。実際の授業で，「x, y の順だから」という反応がありました。x が変化することによって，y はどのようになるのかを表すのですから，当然，x が上段にあるべきなのです。与え過ぎてしまった結果，「数学的な考え方」を働かせる余地がなく，このような安直な答えが返ってきてしまったのです。

「x の値はどれくらいから始めたらよいだろう？」と聞いてもよいでしょう。中には正の数しか思い浮かべない生徒がいるからです。とても些細なことですが，「…」の意味を改めて確認してもよいでしょう。問うことによって「…」の意味に気付きます。

2　変化の割合の価値を教師が強調する

　変化の割合が一定であることから，一次関数のグラフは直線であることを明らかにします。いわゆる「まっすぐである」という国語的表現を「変化の割合」で数学的表現にしていることの価値を強調しておくべきです。

　生徒が自ら「変化の割合は凄い」などといった発言はしないでしょう。生徒の数学的な見方や考え方を育てるのは，教師が授業をつないでいくときに発する「変化の割合で直線と言えるから数学は凄いね」といった指導言です。

●使える授業技術紹介

　ここで紹介した授業は，教師の問いかけによる展開です。一問一答とならないように，1つの問いに対して，何人もの生徒に聞くことです。正解が出ると，よしとばかりに次に進む教師がいますが，教師は正誤判定者ではありません。**コーディネートをする気持ちをもち，教室内で合意を得るために司会をするといった立ち位置で授業を進めること**が大切です。

「数学的な見方・考え方」を働かせた授業例(3年・関数)

1 関数関係を見いだすことから始める授業例

新しい学習指導要領の解説に,次の記述があります。

> 数学的な見方・考え方を働かせることについては,例えば,関数領域において,「一つの数量を調べようとするとき,それと関係が深い他の数量を見いだし,それらの数量との間に成り立つ関係を明らかにし,その関係を利用する」ことが考えられる。

また,第3学年の関数の学習内容に「いろいろな事象の中に,関数関係があることを理解すること」があります。つまり,「3年生ともなれば,既知の関数で満足せず,変数も自ら見いだして考察する学習をしましょう」との提言と読み取れます。例えば,郵便料金表から関数関係を見つけ,これまでの学習を生かして整理する授業が考えられます。

まずは,料金一覧表を見せます。

●定形郵便物
25g以内82円　　50g以内92円

●定形外郵便物
　規格内は長辺34cm以内,短辺25cm以内,厚さ3cm以内および重量1kg以内

【規格内】
50g以内120円　　100g以内140円　　150g以内205円
250g以内250円　　500g以内380円　　1kg以内570円
2kg以内取り扱いません　　4kg以内取り扱いません
【規格外】
50g以内200円　　100g以内220円　　150g以内290円
250g以内340円　　500g以内500円　　1kg以内700円
2kg以内1,020円　　4kg以内1,330円

　この資料を示し，**「関数が見えますか？」**と唐突に聞いてもよいでしょう。3年生なら何らかの反応を示すことができます。「重さが変わると料金が変わる。重さが決まると料金は1つに決まるので関数」などと表現させます。

　あえて式に表せるかどうかを聞いてもよいでしょう。定形郵便物で考えると，xを重さ，yを料金とすると，

　　$y=82 (0<x\leq25)$　$y=92(25<x\leq50)$

　この式を見ると，「表の方が分かりやすい」という生徒がいるでしょう。

　また，xの表し方（$0<x\leq25$）を話題とする生徒がいるかもしれません。「確かに0より大きいということは分かるけど，いくらなんでも0.1gなどということはないだろう」ということです。こういった生活と数学を関連付けた発言は大いに称賛しましょう。郵便物には右のような最小規定がありますから，とても現実的な発言なのです。

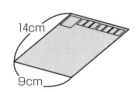

●使える授業技術紹介

　「関数が見えますか？」といった唐突な発問に対しては，挙手によって発言させるのではなく，**教師側から意図的指名を重ねる**とよいでしょう。ふざけた発言でない限り認めます。これだ！（例　郵便物の重さ）という言葉が出たときに，「おっ，見えてきたね」などと強く肯定するとよいでしょう。

第2章

12

「数学的な見方・考え方」を働かせた授業例(1年・データの活用)

1 「資料の活用」から「データの活用」に

今回の学習指導要領改訂で,領域「資料の活用」が「データの活用」と改められました。この意味について最初に触れておきます。

新しい学習指導要領の解説には,次の記述があります。

> 急速に発展しつつある情報化社会においては,多くの人が,様々なデータを手にすることができるようになってきており,データを用いて問題解決する場面も多くみられるようになってきている。そこで,データを用いて問題解決するために必要な基本的な方法を理解し,これを用いてデータの傾向を捉え説明することを通して,問題解決する力を次第に養うことができるようにする必要がある。

将来,容易に手に入るようになったデータを活用して問題解決する機会が多くなることから,授業で様々な手法を学ぶ意義が述べられています。

2 複数のデータ分析を通して傾向を読み取る授業例

教科書によって,提示されるデータ収集例は多岐に渡ることでしょう。いずれも生徒の関心を呼び,データ収集からそのデータの傾向を読み取ろうとする意欲を高める教材が提示されることと思います。

教師も新鮮な気持ちをもって授業に臨み,**データを活用して問題解決して**

いく過程を生徒とともに楽しみましょう。ややもすると，度数分布表やヒストグラムをかくことが目的となったり，代表値の種別を覚えることがねらいとなったりする傾向があります。そうならないように留意しましょう。

また，ヒストグラム等の作成にはコンピュータを使い，短時間で作成して，傾向を読み取ることに時間をかけましょう。その際，生徒の「数学的な見方（事象の特徴や本質を捉えること）」が十分に働くように工夫します。

例えば，階級の幅によってヒストグラムが変化し，傾向の読み取り方が異なってくる場合があります。新しい学習指導要領の解説では，下のような2つのヒストグラムが取り上げられています。

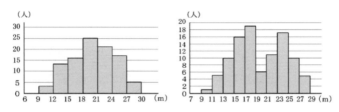

まずは，左のヒストグラムを見せて，分かることをどんどん発表させます。その後，教師が階級の幅を変えて，右のヒストグラムを提示します。

生徒から，階級の幅を変えてみるといった意見を出させる必要はありません。まずは，教師から示すことです。**階級の幅によって捉え方に違いが生じることを知ったからこそ，データの本質を捉えるには，階級の幅を考えることが大切だと分かる**のです。そのため，1つのデータの読み取りだけで終わってはいけません。コンピュータをデータ処理に用い，複数のデータ分析を行い，複数の経験をさせましょう。

● **使える授業技術紹介**

とにかくコンピュータを積極的に使いましょう。教師がデータ処理の見本を見せることで，生徒のコンピュータ活用への意欲も高まります。「生徒1人に1台あるべき」など，あるべき論を述べるだけで実際には活用しない教師がいますが，**与えられた環境でできることを工夫することが大切**です。

第2章

13 「数学的な見方・考え方」を働かせた授業例（2年・データの活用）

1 定義を深く理解させる授業例

　第2学年では，データの分布を捉えるために，四分位範囲や箱ひげ図が登場します。これまで中学校では扱われなかった内容ですので，戸惑う教師も多いことと思います。

　まずは，どのような例を基に四分位範囲や箱ひげ図を理解させるかを考えることが大切です。生徒が理解していない段階で，「数学的な見方・考え方」を働かせることはできません。

　説明が続く授業にならないように，できる限り，生徒を参加させながら授業を展開しましょう。

　最初の数を「1」とします。その後，生徒に整数を8つ発表させ，小さい順に並べ替えます。例えば，次の通りです。

　1，3，4，4，7，8，11，15，18

　次に，「四分位」という言葉が何を意味しているかを想像させます。「4つに分ける」といった表現が出てくるに違いありません。これを受けて，四分位数の定義を知らせます（以下の説明は，新しい学習指導要領の解説より）。

　四分位数とは，全てのデータを小さい順に並べて四つに等しく分けたときの三つの区切りの値を表し，小さい方から第1四分位数，第2四分位数，第3四分位数という。第2四分位数は中央値のことである。

　この定義を基に，上の9つの数の四分位数を考えさせます。

すぐに分かるのが，第2四分位数です。中央値と同じですから，7になります。
　次に第1四分位数は，前半の1，3，4，4の中央値ですので，(3＋4)÷2＝3.5になります。
　第3四分位数は，8，11，15，18の中央値ですから，(11＋15)÷2＝13になります。
　このように，定義を読み解くように生徒とやりとりしながら，四分位数を理解させましょう。
　この後，生徒が「数学的な見方・考え方」を働かせる場面をつくります。「疑問はありませんか？」と問い，**「データが偶数個のときも同じなのか」**という問いを生徒から引き出すのです。
　1，3，4，4，7，8，11，15，18に，仮に20を加えて考えさせるとよいでしょう。定義を深く理解させることにつながります。
　また，箱ひげ図の定義を知らせた後に生徒に考えさせたいことは，なぜこうした表し方が生まれたのだろうかということです。
　いずれにしても，このような処理を手作業で行っていたのでは，授業時間内に考察まで進めることはできません。コンピュータの活用が強く望まれるところです。

●使える授業技術紹介

　教師による説明が中心となる授業も避けて通ることはできません。その際に大切なことは，口頭説明だけではなく，板書や具体物を併用して，できる限り分かりやすく話すことです。
　板書の際に一番好ましい教師の姿勢は，大西忠治氏が提唱した**「四分六の構え」**です。教師は，黒板に体を向けきってしまわず，四分だけ黒板を向き，六分を子どもの方へ体を開き，子どもの様子を捉えながら話せるように練習すべきだと大西氏は述べています。

「数学的な見方・考え方」を働かせた授業例（３年・データの活用）

1 標本調査の必要性を考えさせる授業例

　第３学年では，標本調査を学習します。「数学的な見方・考え方」を伸ばすためにも，なぜ標本調査が必要なのかを考えさせましょう。
　新しい学習指導要領の解説には，次の一節があります。

> 　第１学年においては，全てのデータがそろえられることを前提に，ヒストグラムや相対度数などを用いてデータの分布の傾向を読み取ることを学習している。しかし，日常生活や社会においては，様々な理由から，全てのデータを収集できない場合がある。例えば，社会の動向を調査する世論調査のために全ての成人から回答を得ることは，時間的，経済的に考えて現実的ではない。また，食品の安全性をチェックするために，製造した商品を全て開封して調べることはしない。このような場合，一部のデータを基にして，全体についてどのようなことがどの程度まで分かるのかを考えることが必要になる。このようにして生み出されたのが標本調査である。

　食品の安全性チェックなどの標本調査例を示すと，生徒はその必要性に気付くはずです。
　新聞記事やインターネット情報を基に，標本調査例をあげさせ，**自分なりの言葉で，その標本調査の必要性を文章化させる**とよいでしょう。

2 標本調査の方法を批判的に考察し表現する授業例

「データの活用」領域のみに登場する言葉があります。それは「批判的に考察する」という文言です。例えば，新しい学習指導要領において，第3学年では次のように書かれています。

> 標本調査の方法や結果を批判的に考察し表現すること

まさに，「数学的な見方・考え方」を働かせるよい場面です。例えば，選挙の「出口調査」を取り上げて考えさせてもよいでしょう。

出口調査とは，選挙の投票結果を予測するために，投票所の出口で投票した人にだれに投票したかを尋ね，それに基づいて実際の得票数を推定することです。この出口調査について理解させた後，**「この方法による調査を批判的に考えてみましょう」**と投げかけます。

すると，次のような意見が出てくるのではないでしょうか。

「投票所の選び方によって，結果が大きく違ってくることがあるのではないか」
「だれもが出口調査に協力するとは限らない。特定の候補者に入れた人だけが協力することはないか」
「出口調査に対して，本当のことを伝えるとは限らない」
「すべての投票用紙を確認しないと正式な当落結果はでないのに，なぜ結論をそれほどまで急ぐのか分からない」

出口調査について理解した上での意見や質問であれば，大いに評価し，疑問をもつことが自らの考えを豊かにすることに通じることを伝えましょう。

●使える授業技術紹介

　標本調査の実例を示すことは容易です。新聞記事やインターネットなどで実例を生徒に提示し，数学が社会で活用されていることを実感させるとよいでしょう。提示する際，**注目させたいところにあらかじめ印を付けておく**など，取り上げたい情報にしっかり目がいくようにしましょう。

第3章

数学的活動を通すとは
どういうことか

CHAPTER
3

第3章

1

数学的活動とは何か

1 数学的活動とは

　新しい学習指導要領の解説において，数学的活動は，**「事象を数理的に捉え，数学の問題を見いだし，問題を自立的，協働的に解決する過程を遂行することである」**と説明されています。「生徒が目的意識をもって主体的に取り組む数学に関わりのある様々な営み」とされてきたこれまでと比べ，その内容がかなり具体的になりました。
　また，数学的活動を，**「日常の事象や社会の事象から問題を見いだし解決する活動」「数学の事象から問題を見いだし解決する活動」「数学的な表現を用いて説明し伝え合う活動」**の3つに分けています。
　中学校数学科の目標において，数学的活動がどう位置付けられているかを改めて確認しておくと，冒頭に「数学的な見方・考え方を働かせ，数学的活動を通して，数学的に考える資質・能力を次のとおり育成することを目指す」と記されています。
　つまり，生徒が「数学的な見方・考え方を働かせ」ていることも「数学的活動を通す」ことも重要で，この2つによって数学的に考える資質・能力を育てようとしていることが分かります。

2 授業場面における数学的活動の理解

　1で述べたことで，数学的活動の重要性が改めて認識できたと思います。数学的活動は数学授業そのものであり，授業の一部分を示しているのではあ

りません。

　このことを，授業場面で示しながら説明しておきます。

　生徒に事象を数理的に捉えさせることは，通常の授業ではごく普通に行われており，難しく考えることはありません。

　例えば，「－5と－3の大小を示しなさい」と投げかけたとします。このような単純な問いでも，生徒の考え方は一様ではありません。数直線を用いて，左にあればあるほど数は小さいので－5＜－3と考える生徒がいるでしょう。事象を数理的に捉えているからこそ，数直線を活用できるのです。絶対値と符号に注目して－5＜－3と考える生徒もいるはずです。これも，数を分析的に見ていて，事象を数理的に捉えていると言ってよいでしょう。

　また，数学の問題を見いだすことについては，もともと数学の授業では，問題を提示するのは当然なので，意味がよく分からないという方がいます。「見いだし」に注視しすぎて，ある事象を数学の問題として捉えさせることだと考える方がありますが，この意味をそこまでレベルを上げて考える必要はありません。

　「数学の問題を見いだすこと＝これまでの数学で学習した事柄が使えると思えること」と考えたらよいのです。生徒が「この事象は表でまとめてみると何かしら見えてきそうだ」とか，「ここに補助線を引くと二等辺三角形の性質が使えそうだ」と思考を巡らせることを，数学の問題を見いだすことと捉えればよいでしょう。

　自立的，協働的に解決する過程を遂行することについては，補足がなくても理解できることでしょう。**「自立的」「協働的」という言葉は，「個人思考」「集団思考」と置き換えてもよい**と思います。

　授業では1人で考える時間をわずかでももたせ，1人で考えたことをペアあるいはグループで，また学級全体で交流し，学級集団の数学的に考える資質・能力を高めていきたいものです。実際の授業においては「自分の考えをもつからこそ，他者の考えに関心が生まれる」という原理原則を忘れないようにしましょう。

第1学年の数学的活動の事例

　以下の1，2は，「日常の事象を数理的に捉え，数学的に表現・処理し，問題を解決したり，解決の過程や結果を振り返って考察したりする活動」の具体例です。

1 「窓を開ける」という事象を数学する事例

窓を開けると何が変わりますか。

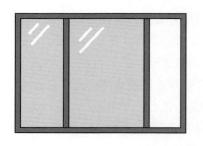

　まずは思いつくことをどんどん発表させます。窓を開けると，開けた部分の面積が変わります。重なった窓の面積も変わります。中には，窓から入ってくる風の量が変わるという生徒もいるでしょう。こういう意見は，否定せず，むしろ大いに認めていきましょう。
　その上で，**数理的に処理できるもの，つまり数学で表現できるものはどれかを問います。**すると，風の量が変わるという気付きは，厳密には数理的処理ができないものですから，取り上げたことが生きるわけです。生徒にはムダなことを言ったと思わせないで，「数理的に処理できないものがあることに気付かせてくれた意見だったね」と価値付けしておくことが大切です。

「開けた部分」を数学的に表現・処理するために，どのようなことを決めたらよいか（例　窓の縦の長さ，開けた横の長さ）を聞いたり，縦の長さを140cm，開けた長さを x cm，その面積を y cm²と定めたりして，式をつくらせてもよいでしょう。

2 「言葉足らずの説明」を数学する事例

　人は一度に的確に物事を表現できるものではありません。
　そうした日常を想起させ，空間図形の学習で次のようなことをさせてはどうでしょうか。
　様々な立体を用意します。生徒には見えないようにしておきます。そのうちの1つを決めて，わざと言葉足らずの説明をするのです。
　「この立体は角が8つあります。どんな図形でしょうか？」
　こう言うと，生徒は「それだけでは分かりません」と言うでしょう。
　この反応を生かし，やりとりをするのです。
教師　何が知りたいの？
生徒　辺の長さです。
教師　5cm。
生徒　5cmって，いくつあるのですか？
　このように，図形の決定要素に関わる質問が出てくることでしょう。これも数学的に表現・処理する活動です。

　以下の3，4は，「数学の事象から問題を見いだし解決したり，解決の過程や結果を振り返って統合的・発展的に考察したりする活動」です。
　数学の事象から問題を見いだす活動は，事例に困ることがありません。数学の問題すべてがこれに当てはまると言ってもよいほどです。だからこそ教師が生徒に問題をどう認識させようとするかが重要になります。

3 問題そのものの価値を見いだす事例

> (1) $\{(-5)+(-3)\}\times 7$　　(2) $(-5)\times 7+(-3)\times 7$

　上の2つの問題を提示し，**教師が何に気付かせたいのかを生徒に問います**。計算結果が同じことから，「分配法則が成り立つことに気付かせたい」という意見が出てくるでしょう。そこで「分配法則なら小学校で学習してるよ」と切り返し，正負の数についても分配法則が成り立つことを押さえます。

　2つの式を提示し，計算させ，同じ結果になることに注目させ，「正負の数においても分配法則が成り立ちますね」と説明してしまう展開と比較してみてください。思考の質がかなり違います。ちょっとしたことですが，どのような活動をさせるかが重要なのです。

4 方程式を認識する事例

　生徒に方程式についてどのように伝えているでしょうか。
　ある教科書では，「式の中の文字に代入する値によって，成り立ったり，成り立たなかったりする等式」（①）と定義しています。
　別の教科書では，式を提示してから説明しています。
　「$2x+40=80$
　この式の文字 x は，これから求めるもので，まだ分かっていない数を表します。このような文字を含む等式を方程式と言います」（②）
　このように，同じ方程式についても，説明の仕方が異なるのがおもしろいところです。**この2つの説明①②といくつかの式を提示して，方程式かどうかを考えさせる**ことは，数学の事象（この場合は定義）を基にした良質の問いになると思います。

次の式は方程式かどうかを考えさせます。
　A　$4x+6=10$　　　B　$2x+y=8$　　　C　$2x+6=2(x+3)$
　①②の定義によると，A，B，Cのどれも方程式と言えます。しかし，Cはxにどのような数を入れても成り立ちます。これも方程式と言えるのかという疑問が生徒から出てくることを期待したいものです。

5　数学的な表現を用いて筋道立てて説明し伝え合う事例

　この活動は，すべての数学の時間でごく自然に行うべきものと言っても過言ではありません。言葉に引きずられて，特別な活動をさせないといけないと思う必要はありません。
　例えば，立体をいろいろな見方で観察させる場面です。「10円硬貨をたくさん積み重ねると，どんな立体ができるでしょう」と問い，円柱になることを確かめます。できる図形をイメージして表現させることは，この活動に当たります。口頭ばかりではなく，見取図をかくことも表現です。さらに多くの立体図形から選ばせることも表現の1つです。
　その際に大切なことは，**どうしてそのように表現したのかを説明させる**ことです。
　「10円硬貨を積み上げると，底面が円で，底面からの高さはどこも同じだから円柱となります」などと，数学用語をできるだけ使って話したり，図をかいたりするように指導を重ねましょう。
　さらに，トランプを重ねるとどんな立体ができるか，逆に三角柱を見せて，どのような図形をどのように動かした図形とみることができるかなど，少しずつ視点を変えて考えさせ，学んだ数学的な表現を使って説明させるのです。
　生徒が育ってくると，生徒の方から条件換えした問題を考えるようになります。例えば，「面を平行に動かしてできる立体を瞬時に選ぶコツは何だろう」と発言した生徒がいました。考える視点を明確に提示してきた積み重ねの成果だと喜んだものです。

第2学年の数学的活動の事例

1 わり箸を使って数学する事例

　これは,「日常の事象や社会の事象を数理的に捉え,数学的に表現・処理し,問題を解決したり,解決の過程や結果を振り返って考察したりする活動」の事例です。
　箸を使って数学をします。
　「箸をこのように置くと,何か気が付くことがありませんか？」と聞きます。

　こういう場合は,まずは思いつくことをどんどん発表させることです。「何も思いつかない」という発言も認めながら,次から次へ当てていきます。挙手指名方式ではなく,**教師から生徒の方へ行き,指名していきます**。あまりにも何も出ないようであれば,指導が必要な場面だと判断すればよいでしょう。
　「物事を数学的に見る見方を教えましょう。数学的に考えれば,箸の長さと交わる角度しか目をつけるところはありませんね。長さはほぼ同じものと言えるので,話題にすることは難しいですね。ということは,交わる角度が

着目点ですね」

　このようにして「数学的な見方」を伝えればよいのです。すると，「向かい合う角度が等しい（対頂角は等しい）」ということに生徒は気付くでしょう。

　大切なことは，この次です。向かい合う角度が等しいことを説明するのに，生徒は「一方の箸を回転させたら，その同じ角度だけ反対側の角度が変わるはず。箸はまっすぐなのだから」などと話すでしょう。しかし，伝えたいことは分かりますが，数学的な表現としては認めることができない発言です。

　角度に注目したことは，数理的に捉えているので大いに称賛した上で，「その発言は国語的表現です。数学的表現にしましょう」と指示します。まさに数学的に表現・処理することを指導するよい場面です。

　そして，次のような授業展開をします。

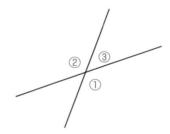

　「①と②が等しい角度になるはずだという見通しは間違いありません。このことを数学的に表現したいのです。例えば，①の角度を求めるためには，②の角度以外で，どこが分かっていると求められますか」と，生徒の視点を拡げる助言をします。

　困っている生徒には，「③の角度が45°だったら，①は何度かな」と聞いてみましょう。分からない生徒にはまず分からせることです。

　その上で思考を振り返らせ，①と②は180°から共通している角度③をひくと求まることから，①＝②という数学的な表現・処理にたどり着かせます。

　さらに，理解を深めるために，いろいろな交わり方を示して，**「どのようなときでも，①②は『180－共通の角度③』で表せますね。これが数学的な**

表現・処理のよいところです」と価値付けておきましょう。

2 四角形について統合的・発展的に考察する事例

　これは，「数学の事象から見通しをもって問題を見いだし解決したり，解決の過程や結果を振り返って統合的・発展的に考察したりする活動」の事例です。

　第2学年では，平行四辺形の性質を学習します。その中で，長方形，ひし形，正方形は平行四辺形の特別な場合であることも学習します。この学習は，それまでの学習過程を振り返りながら，まさに統合的・発展的に考えることができるよい機会です。

　「では，これまでの学習の総復習をしましょう。まず一般の四角形から考えます。四角形を構成している要素は何ですか」

　「要素」という言葉を知らせるよい機会です。「（4つの）辺，（4つの）角」をしっかり伝えます。

　「それでは，辺や角に条件を加えていきます。まずは『1組の辺が平行である』という条件を加えると，どのような四角形になるでしょう」

　このように一般の四角形を起点に，

　　　1組の辺が平行＝台形

　→2組の辺が平行＝平行四辺形

　→4つの角が等しい＝長方形

　→4つの辺が等しい＝ひし形

　→4つの辺と角が等しい＝正方形

とまとめていく過程をつくります。

　そして最後に，次の発問により，逆に考えておきます。

　「このことから正方形は，平行四辺形の性質を全部もっていると言ってもよいでしょうか？」

　教師にとっては当たり前のことですが，問われてみてはじめて意識できる

生徒がいます。「数学的な見方・考え方」を豊かにするには，逆向きに考えさせることも有効です。

3 数学的な表現を用いて論理的に説明し伝え合う事例

　第2学年の図形では，証明が多く扱われます。証明の問題に対して苦手意識をもっている生徒は多くいます。その要因の1つとして，証明を書かせることにあまりにも重点を置き過ぎていることが考えられます。
　だれが読んでも筋道が通った明確な証明が書けることをゴールにすることはよいのですが，それを全員に求めるのはハードルの上げ過ぎです。
　まずは口頭で説明できることを目指しましょう。その際に留意することは，数学的な表現を用いているかどうかという点です。
　些細なことですが，生徒が次のような表現をしたとき，指導をしているでしょうか。
生徒　こことここが同じだから…。
　口頭ですから，このような指示語で説明したくなるのはよく分かるのですが，できるだけ記述に直結するように，丁寧に指導していきます。
教師　「ここ」とは，記号を使うとどう言えますか？
生徒　ABです。
教師　ABをもう少し正確に言いましょう。直線ABですか？　線分ABですか？　それとも辺ABでしょうか？
　このように，**最初は例示をして，生徒に判断させることが大切**です。かつて「線分ABなのか，辺ABなのか」を迷った生徒がいました。確かに，線分も辺も同じことを指しているので，迷う気持ちは理解できます。図形では構成要素で表現する（辺ABと表現）ことを知らせることができました。
　このように，生徒の数学的に表現する力や論理的に説明する力を高めるには，まずは教師がちょっとした表現や説明にも，最大限の注意を払うことが大切です。

第3学年の数学的活動の事例

1 コピー機の機能を数学する事例

　まずは,「日常の事象や社会の事象を数理的に捉え,数学的に表現・処理し,問題を解決したり,解決の過程や結果を振り返って考察したりする活動」の事例です。

　日常事象として,コピー機の例を取り上げます。

　はじめに,コピー用紙の大きさについて理解させておく必要があります。今や主流となっているＡ判用紙について扱うとよいでしょう。

　「Ａ判用紙は,面積が１㎡の長方形が基になっていて,この長方形をＡ０判といい,長い辺が半分になるように切っていくと,Ａ１判,Ａ２判,Ａ３判,Ａ４判…となっていきます」

　ここで理解を深めるために,「Ａ０判用紙の大きさは,Ａ４用紙の何倍となっているでしょうか。Ａ３,Ａ２,Ａ１などともいろいろ比べてみましょう」と指示します。

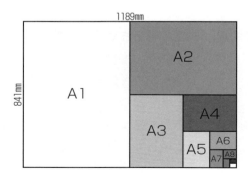

ここまで押さえておいて,コピー機の縮小・拡大機能場面を示します。
　例えば,Ａ４用紙をＡ３用紙の大きさにするのに,２倍の200％表示ではなく,141％となっていることに気付かせます。**「２倍にするのだから,200％ではないのかな？」**と生徒に問いかけてもよいでしょう。
　また,実際にＡ４用紙とＡ３用紙を渡し,長さを測らせてもよいでしょう。

Ａ４用紙	縦210cm	横297cm
	↓約1.414倍	↓約1.414倍
Ａ３用紙	縦297cm	横420cm

　辺を比べることで,相似形であることが明らかになります。コピー表示が141％になっていることも納得できます。
　ここで,この141％をさらに追究させます。141％から想起できるのは,$\sqrt{2}$です。縦横がそれぞれ$\sqrt{2}$倍になっていることから,面積は$\sqrt{2}\times\sqrt{2}=2$となっていることが分かります。
　さらに理解を深めるために,実際には目にすることはありませんが,Ａ４用紙をＡ２用紙にするときの表示を考えさせてもよいでしょう。
　計算上は,$1.41\times1.41=1.97$ですから,197％表示で４倍になることになります。これは誤差がありますから,これこそ200％表示であるはずです。

Ａ４用紙	縦210cm	横297cm
	↓２倍	↓２倍
Ａ２用紙	縦420cm	横594cm

2 円周角の大きさについて考察する事例

次に「数学の事象から見通しをもって問題を見いだし解決したり，解決の過程や結果を振り返って統合的・発展的に考察したりする活動」の事例です。

数学の事象から見通しをもって解決に向かう，円の導入時に当たります。

下図のように円と弧 AB を示し，弧 AB を除いた円周上に自由に点 P をとらせ，∠APB の大きさを測ることで，同じ弧に対する円周角の大きさは等しいことに気付かせる展開は，よく見られます。

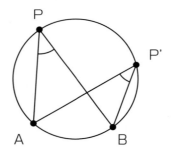

円の学習は第 3 学年後半に位置付けられています。これまでの学習を生かすと，次のような展開が考えられます。

「皆さんには同じ大きさの円がかかれたプリントを配りました。円周上に点 A と点 B をとってください」

「円周上の点 A から点 B までをどう表現したらよいでしょうか？」

このように，これまでの学習を想起させるために，細かな質問をします。

「弧 AB です」

「その通りですね。みんな弧 AB の長さはバラバラですね。では，弧 AB 以外の円周上に点 P をとって，∠APB をかいてみてください」

「さて，∠APB の大きさは隣同士で同じですか？ 見た瞬間に違うと判断できる人もいますね」

「では，先ほどの点P以外のところに点Qをとって，∠AQBをかいてみてください。∠APBと∠AQBと比べるとどうでしょう？」

「同じように見えますよね。点P，点Q以外にも点をとって比べてみてください」

このように展開します。ここで，それまでの活動を生徒に説明させてみましょう。

「どこも角は同じ」など，事象をまったく正確に表現しない生徒が出てくることでしょう。教師が言葉を足すことなく，「それでは不正確です」など，数学的に認められないことを伝えます。第3学年であるなら，これまでの学習を生かして，言葉を聞いただけで正確な図がかけるほどの説明力がほしいと，ハードルを上げましょう。

こうした過程を通して，「1つの円において，（弧の長さには関係なく）同じ弧に対する向こうにある角は等しい」といった程度の表現まで高めましょう。なお，**生徒が「同じ弧に対する向こうにある角」などと表現したときこそ，用語「円周角」を教えるべき**です。

なお，学級内で起こった事実をまとめて，だれにも成立している事柄を表現するのは，事象を統合的に見た事例の初期段階と考えればよいでしょう。

3 数学的な表現を用いて論理的に説明し伝え合う事例

第3学年ともなると，数学の授業そのものが数学的な表現であふれる時間にしたいものです。

例えば，「三平方の定理」の学習において，解答を説明させるときに，「必ず正しい数学的な表現を使って説明しよう」と負荷をかけるとよいでしょう。

直角三角形で残りの辺を求める問題の解答を生徒に発表させるときの例を示します。

生徒 13の2乗から12の2乗をひいて，25。だから5です。

教師 その通りですが,できる限り数学的な表現を使って再度説明してください。

次のような表現ができるまで,生徒を鍛えましょう。

生徒 この三角形は直角マークがあるので直角三角形です。だから三平方の定理が使えます。直角を挟む1辺が分かっていないので,その1辺を$x$cmとすると,$12^2+x^2=13^2$となります。このことから$x^2=13^2-12^2$,$x^2=25$から,xは±5ですが,マイナスはあり得ないので,答えは5cmです」

面倒くさいという気持ちをもつ生徒もいますが,「3年生であれば,これくらいの数学用語を使った説明力がほしい」と教師の思いを率直に伝えましょう。

第**4**章

数学的に考える
資質・能力を育成するには
どうすればよいか

「事象を数学化する」とはどういうことか

1 頻出する「事象を数学化する」

「事象を数学化する」という言葉が，新しい学習指導要領の解説には何度も出てきます。頻度の多さからも「事象を数学化する」ことの理解をしっかりしておかなければなりません。

では，「事象を数学化する」とは，どういうことでしょうか。まずは，以下の図（中央教育審議会答申資料より）を見てください。

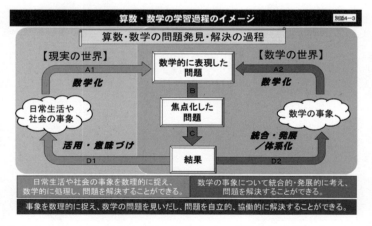

「数学化」という文言が2か所にあります。現実の世界において「日常生活や社会の事象を数学化する」ことと，数学の世界において「数学の事象を数学化する」ことの2つです。

2 「事象を数学化する」ことの具体例

　ここでは，それぞれについて，授業場面を踏まえて説明をしておきます。
　「日常生活や社会の事象を数学化する」ことは，簡単に言えば，**現実世界の事象を数学の舞台にのせる**ということです。
　教科書には，日常生活を想起させる多くの問題が出てきます。それらの問題を数学で解決することが「数学の舞台にのせる」ということです。小学生の中には，問題文を読んでも，数学の舞台にのってこない子どもがいます。教師が「1本30円のボールペンがあってね…」と話したら，すかさず「安っ！」と声に出して，すぐに「そういうお店を知ってるよ」と問題に無関係な反応が続き，しばらく落ち着かなかった授業を見たことがあります。
　さすがに中学生ではこういうことはありませんが，生徒を数学の舞台にのせることも容易なことではありません。現実世界を題材にした問題を提示しただけでは，だれもが数学の舞台にのるわけではないことを心得ておきましょう。
　例えば，先に家を出発した弟を兄が自転車で追いかけたところ，ようやく追いついたという問題がありますが，追いつくという事実を数学の舞台で考えれば，弟と兄が移動した距離が同じになったということです。生徒同士の話し合いや教師からの助言で，このことにぜひとも気付かせ，数学化することのよさを体感させたいものです。
　「数学の事象を数学化する」ことは，もともと数学の事象が出発点ですので，「日常生活や社会の事象を数学化する」よりは容易であると言えます。
　例えば，「偶数と奇数の和は奇数になることを説明しなさい」という数学の事象に関する課題に対して，m，nを整数として，偶数，奇数を$2m$，$2n+1$と表現することです。また，$2m+(2n+1)$と表すことも数学化することです。先の図に照らすと，**与えられた問題文を数学的に表現することで，「焦点化した問題」に変換した**と言ってもよいでしょう。

「数学的に解釈する」ことと「数学的に表現・処理する」こと

1 「数学的に解釈する」とは

「数学的に解釈する」ことは，問題発見・解決の過程で行われるものです。

例えば，全校生徒が体育館から各教室に戻る場合を考えてみましょう。大規模校で移動時間を考えずスケジュールを組んでしまい，時間的な余裕がなくなると，生徒や教職員から不満の声が上がります。

そこで，体育館から一番遠い学級への移動時間や各学級が体育館を出る間隔を考えて，次の活動開始の時刻を定めます。まさにこれは事象を数学的に解釈しているのです。

もう少し数学の課題に近い事象を示します。12Lの水槽があるとすると，そこに入る水の量は，0Lから12Lまでの間です。このように入る水の量の最小から最大を考えることも，事象を数学的に解釈することと言えるでしょう。

また，2本の平行線に1本の直線が交わっている図を見て，同位角が等しいはずだと考えることも数学的に解釈することではないでしょうか。

数学教師なら，このように**ごく自然に事象を数学的に解釈しています**。

2 「数学的に表現・処理する」とは

「数学的に表現・処理する」ことも，問題発見・解決の過程で行われます。

上の水槽の例で，「水の量は，0Lから12Lまでの間」という事実を数学的に表現すると，「$0 \leq 水の量 \leq 12$」となります。

同位角の例ならば，「直線 ℓ と直線 m が平行であれば，∠A＝∠Bである」と示すことも，事象を数学的に表現したことになります。
　また，「1，3，5，7，9…」という数列を見せると，生徒はいろいろな表現をすることでしょう。
  ・奇数
  ・2でわって1あまる数
  ・2でわりきれる数より1小さい数
  ・1から始まる2飛びの数
  ・n を整数とすると，$2n-1$

といったように，**様々な表現を経験させることは，数学的な表現を磨こうという生徒の気持ちを高めます。**
　数学的に処理する例も頻繁に授業で出てきます。例えば，一元一次方程式を等式変形しながら「$x＝○$」とすることです。
　n 角形は，1つの頂点から引いた対角線によって，$(n-2)$ 個の三角形に分けられることから，n 角形の内角の和を「$180°×(n-2)$」と表すことも数学的に処理する事例の1つと言えるでしょう。

● **技能を身に付けさせる教師の姿勢**
　技能は短時間で身に付くものではありません。ある程度の経験が必要です。そのため，例えば，教科書に登場した数学用語を教師が進んで活用することなどが重要になります。教師が繰り返し用語を用いることで，生徒も意識して使うようになります。
　また，ここで示したように，数学的に解釈したり，数学的に表現・処理したりすることは，授業の中では頻繁にあることです。**「上手に解釈できたね」「数学の世界で表せたね」など，機会を逃さず教師が価値付けすることも大切**です。

「数学を活用して事象を論理的に考察する力」とは何か

1 「数学を活用して事象を論理的に考察する」とは

新しい学習指導要領の解説には，次のように書かれています。

> 数学を活用して事象を論理的に考察する力は，様々な事象を数理的に捉え数学的に表現・処理し，問題を解決し，解決過程を振り返り得られた結果の意味を考察する過程を遂行することを通して養われていく。

抽象的な表現なので，ここでは，授業の具体的な場面を示しながら，「数学を活用して事象を論理的に考察する」ことについて示します。

0，1，2，…8，9の10個の整数から，4つの数を生徒に選ばせます。仮に，2，3，5，8という数を選んだとします。5つ目の数は，教師が選びます。あることを意図して，1という数を選びます。この1，2，3，5，8という5つの数と，「たし算」「ひき算」を使って1をつくります。

まずは生徒に考えさせます。1ができた生徒に発表させれば，下のような式があげられるでしょう。

5＋3＋2－8－1＝1
8－5－3＋2－1＝1

その後，「先生は，次にどんな数をつくれと言うと思いますか」と生徒に尋ねます。

このとき，思いつきで5，20などと言った生徒がいたとします。このときは，いわゆる「教師の出場」です。生徒の論理的に考察する力を高めるため

に,「こういうときはいきなり大きな変化を求めない方がいいのです。大きな変化は事象を見えにくくしてしまいます」といった指導が必要です。

こうした流れの中で,「2をつくりましょう」という課題を設定します。

しばらく考えさせますが,どう考えても2はできません。生徒の行き詰まりを捉えながら,「2はできましたか」と投げかけると,「できない」「まったく分からない」「奇数が奇数枚あるからできないのでは」「3はすぐできる」などと,次の一手を論理的に考える言葉が出てきます。

教師はこの言葉を聞き逃さないことです。

「『奇数が奇数枚あるから』とは」「『3はすぐできる』とは」などと,生徒に水を向けます。その上で,**「問題を解決するためにとても大切なつぶやきですね」と価値付けることが大切**です。

ここまで述べた授業展開で,

解決過程を振り返り…………1や3はできる。2はできない。

得られた結果の意味を考察…なぜ1や3はできても2はできないのか。
　　　　　　　　　　　　　奇数が奇数枚あることが要因ではないか。

といった考察をさせています。教師が生徒のつぶやきをうまく取り上げ,焦点化していく過程で論理的に考察する力を徐々に高めているよい例と言えます。

●**論理的に考察する力を高める教師の姿勢**

すべての生徒を一度に高めることはとてもできません。まずは「できる生徒をさらに鍛える」という姿勢で,**論理的な考察を促進する生徒のつぶやきをしっかり拾って,多くの生徒につないでいくこと**を忘れないようにしたいところです。

「統合的・発展的に考察する力」とは何か

1 「統合的・発展的に考察する力」とは

　統合的・発展的に考えるよさを体感させる題材には，様々なものがあります。

　正の数・負の数をひくには，符号を変えた数をたせばよい。
　例　5－9＝5＋(－9)　　3－(－6)＝3＋6

　統合的な考えの一例です。負の数まで数の世界を拡げたことで，ひき算をたし算に統合することができたわけです。生徒に，これはすごいことだと感じさせる指導言を投げかけましょう。

　「角の二等分線の作図」と「直線上の1点を通る垂線の作図」を同じ方法だと捉える。

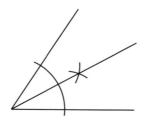 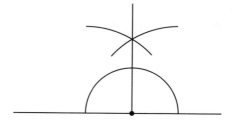

これも統合的な考えの一例です。2辺が挟む角が180°になったと見ると，角の二等分線の作図と直線上の1点を通る垂線の作図は同じ方法であると気付かせましょう。

多角形の内角の和を求める際に，1つの頂点から引いた対角線によっていくつかの三角形に分ける。このことを発展的に考え，対角線を引く点を移動させる。

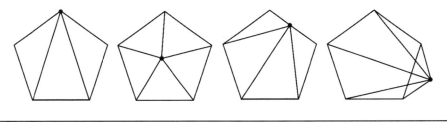

頂点ではなく，他のところに点を置くことができないかと考えを拡げていくことは，まさに発展的に考察する力を養うことです。

大切なのは，**生徒がこのように考えてみようと思うような投げかけをすること**です。教師からの説明に生徒は納得しますが，考察力を高めるには，まずは自分で考えさせる過程を位置付けることです。

●統合的・発展的に考察する力を高める教師の姿勢

教師自身が，統合的・発展的に考察する力をもっているかに尽きます。そして，生徒に考えてみようかな，という心を生み出させることです。

例えば，「**長方形，ひし形，正方形は平行四辺形と言ってよいのだろうか？**」といった投げかけを，教師が適切な場面でできるかどうかで，生徒の統合的・発展的に考察する力は変わってきます。

「数学的な表現」と「簡潔・明瞭・的確に表現する力」

1 「数学的な表現」のよさ

「『数学的な表現』と聞き，何を思い浮かべますか」と，生徒に聞いてみるとよいでしょう。「式，表，グラフ，図」は必ず出てきますが，あまり出てこないものに「言葉（の式），記号」などがあります。学年が進むと，「数直線，座標，樹形図，関係図」，小学校を思い出して「テープ図，線分図」をあげる生徒もいます。多様な数学的な表現があることを認識させておきましょう。

新しい学習指導要領の解説には，数学的な表現の2つのよさが書かれています。

> ・数学的な表現は，それを使わないで考えるよりも質の高い思考を可能にする。
> ・他方には，例えば，式は数量やその関係について一般的な表現や形式的な操作を可能にし，図は視覚的な把握を容易にし，表は変化の規則性を示唆し，グラフは事象の変化の様子を視覚的に把握することを容易にする。

例えば，式で表現しないとなると，いったい何を言っているのか分からないことがあります。

「ノートの値段が分からないが，ノート5冊と100円のボールペン5本で1500円なので，1500円からボールペン5本の値段をひいて1000円，これは

ノート5冊分なので，1000円を5でわってノート1冊は200円です」

これを式にすると，

ノート1冊をx円とすると，

$\quad 5x+100\times 5=1500$

$\qquad\qquad 5x=1500-500$

$\qquad\qquad 5x=1000$

$\qquad\qquad\ x=200 \qquad$ したがってノート1冊200円

このように**すっきり表せます**。時には，このようにして数学的な表現のすばらしさを実感させるとよいでしょう。

2 「簡潔・明瞭・的確に表現する力」を養う

「簡潔・明瞭・的確に表現しましょう」と呼びかけたところで，簡単にできるものではありません。**様々な表現を比較する中で，簡潔であること，明瞭であることなどが分かる**のです。

したがって，授業では，1つの事柄もいくつかの表現方法で示すことを心がけることです。例えば，「2つのさいころを同時に投げるとき，同じ目が出る確率を求めなさい」という課題で，表で表す場合や樹形図で表す場合があります。どちらが簡潔・明瞭であるかを考えさせるとよいでしょう。

●数学的に表現する力を高める教師の姿勢

できるだけ生徒に出力（発言，板書など）させて，表現のよさを価値付けることです。「直線と線分の区別をきっちりつけた発言ができていいね」「△ABCと△FGDで，点Aに対応している点は点Fであることを意識していますね。分かりやすいですね」などといった指導言を心がけましょう。

「数学的活動の楽しさ」は どうしたら感じさせられるか

1 「数学的活動の楽しさ」とは

「数学を楽しいと思える生徒を育てたいです」とは，若い教師からよく聞かれる言葉です。しかし，「生徒はどんなときに数学が楽しいと感じると思いますか」と尋ねると，「テストの点がとれたときです」というような答えが返ってくることが少なくありません。

「生徒はテストの点がとれたときに数学が楽しいと感じる」と考えているのでは，あまりに寂しいことです。「数学的活動が楽しい」と思える生徒を育ててほしいと思います。

新しい学習指導要領の解説における数学的活動についての説明を再掲します。

> 数学的活動とは，事象を数理的に捉え，数学の問題を見いだし，問題を自立的，協働的に解決する過程を遂行することである。

問題を自立的に（他の援助を受けず自分の力で）解決することは，確かに楽しいことです。とりわけ数学は未知の問題を解決する過程ではわくわくするものです。

「出てきた数値を小さい順に並べたら何か分かるのではないだろうか」
「まずは当てはまる数値を出してみると見えてくるのではないだろうか」
「ここに補助線を引いたらできるのではないだろうか」

など，思考の過程に楽しさを感じる生徒を育てましょう。そのためには，そ

のように思考させる過程を仕組んでおくことです。

　問題を協働的に解決するのも楽しいことです。自分1人では解決できない問題を仲間と話し合って解決していくことも，わくわくします。このわくわく感は，単に解答を教え合っているだけでは起こるものではありません。友達の見方や考え方に触れ，自分自身の見方や考え方への影響があってこそ，わくわくするものです。

　こうしたことも，やはり教師の指導言で生まれます。

　「AさんはBさんと話し合って，解答を変えましたね。Bさんとどんな話をして変わったのですか。単に真似をしただけではありませんよね」

などと，**協働の過程を明らかにすることを重ねていくことで，「対話的な学び」が生まれる**のです。

2 「深い学び」は数学的活動を楽しいと感じることから

　新しい学習指導要領のキーワードの1つ「深い学び（主体的・対話的で深い学び）」は，「数学的な見方・考え方」を活用する中で生まれるとされています。ここに真に楽しさを感じさせるものがあります。

　単に解決方法を学ぶことだけではなく，**なぜそのような方法を思いつくことができたのか**，このレベルまで授業での学びを高めましょう。そこには必ず「数学的な見方・考え方」が発揮されています。

●数学的活動の楽しさを感じさせる教師の姿勢

　生徒が数学的活動が楽しいと感じる大前提は，なんと言っても，**教師自身が「数学的活動の楽しさ」を感じること**です。教材研究のときには，生徒の気持ちになって課題を考えてみることです。かつて「なぜ一般の三角形や直角三角形の合同条件はあっても，正三角形や二等辺三角形の合同条件は示されていないのだろうか」と思い始めたら，考えることが止まらなくなったことを思い出します。

第4章

そもそも「数学のよさ」とは何か

1 「数学のよさ」とは

　新しい学習指導要領の解説では，「数学のよさ」について次のように説明されています。

> 　例えば「数量の関係を方程式で表すことができれば，形式的に変形して解を求めることができる」といった数学的な表現や処理のよさや，数量や図形などに関する基礎的な概念や原理・法則のよさ，数学的な見方・考え方を働かせることのよさなどを意味する。また，数学が生活に役立つことや数学が科学技術を支え相互に関わって発展してきていることなど，社会における数学の意義や価値も含まれる。

　過不足ない説明です。しかし，教師向けの文章ですから，このまま生徒に読んで聞かせて，数学のよさが伝わるものではありません。
　教師は上記のことを念頭において，**授業の折々に，生徒の発言の中に数学のよさを感じさせるものがあれば価値付けたり，教師のつなぎ言葉で実感させたりすることが大切**です。
　また，**教師自身の言葉で数学のよさを語ることができることも必要**です。少々道徳を意識した話ですが，確率の授業の最後に，次のように語ったことがあります。

> 　数学を学習すると，優しくなります。これが，数学のよさの1つです。

> 　確率の学習では，場合の数を使って求めることが多くありました。その際，心がけたのは，落ちなく考えることができたかということでしたね。すべての起こる場合を考えることができたかどうかが大切でしたね。
> 　この心がけは，学級生活においても同じです。みんなのことを考えているのか，特定の場合だけを考えているのでないか，だれかのことを忘れていないか，と心を配ることが大切です。まさに確率の学習で心がけたことですね。数学を一生懸命学習すると優しくなれるのです。

このようなネタをいくつかもっているとよいでしょう。

2　「数学のよさ」のエピソード

数学のよさに関わって，私には次のエピソードがあります。
　A君は中学校時代，数学そのものにとても興味をもっている生徒でした。例えば，「三平方の定理の証明は100種類ほどあると言われている」と授業で言われれば，自ら調べて，「先生，これだけ見つかりました」と報告するような生徒でした。
　そのA君が高校の数学授業での話をしてくれました。ある定理を学習した後に，A君は先生に「この定理はどんなときに役に立つのですか？」と尋ねたそうです。それに対して，先生は「よい質問だ」と言った上で，「次の問題で役に立つ」と言ったそうです。「高校の先生はまったく数学のよさを分かっていませんよ」と，わざわざ報告に来ました。改めて，A君は数学のよさをつかんでいるのだなとうれしくなったことを覚えています。

●数学のよさを感じさせる教師の姿勢

自ずと数学のよさを感じられる生徒は，多くありません。まずは，教師が数学のよさを知らせることです。機会あるごとに数学のよさを伝えることによって，生徒は自ら数学のよさを感じるようになります。

第4章

8

「数学を生活や学習に生かそうとする態度」を育てるには

1 数学は生活や学習に生きるのか

　生徒に「数学は生活や学習に生かせるのか？」と聞くと，だれもが「生かせます。必要です」と言うでしょう。そこで追質問をします。
　「数学が生活や学習で生かせるとはどういうことですか？」
　ここで改めて，国語辞典などから，この「生きる（生かす）」という言葉の定義を示すとよいでしょう。この場合に当てはまるものを選ぶと，「効力をもつ。持ち味・本領を発揮する」となります。とてもよい言葉です。
　新しい学習指導要領の解説には，次の記述があります。

> 　数学が日常生活や社会生活において，また他教科の学習やその後の人生において必要不可欠なものであることに気付かせることが大切である。…見方・考え方を働かせた数学的活動を通して，生活や学習に果たす数学の役割に気付くことができるようにし…（以下略）

「人生において欠くことができないもの」「数学の役割」という言葉も覚えておいて，数学授業の中で発するとよいでしょう。
　ところで，次のような揺さぶりは，生徒に数学の価値を改めて考えさせるきっかけになります。
　「皆さんは数学が必要だと言いますが，本当に必要ですか。例えば，買い物で数学を使っていますか。レジはバーコード管理で，瞬時に間違うことなく計算をしてくれます。お金を出しても，店の人は機械の中にそのままお金

を入れるだけです。計算が自動的にされて、おつりだけが出てきますから、店の人はそれを渡すだけです。まったく数学は使っていませんよ」

このように「数学無用論」をぶつけてみましょう。中には「本当にその通りだ。これからはすべて人工知能がしてしまい、数学は必要なくなる」と考える生徒も出てきます。「実際、弟はAIスピーカーに計算問題を伝えて答えを出してもらっている」と、驚くようなことを言い出す生徒がいるかもしれません。

こうしたとき、数学教師としてどのように答えますか。このときのためにも、数学が効力をもつ、数学が本領を発揮する場面をいくつかあげられるようにしておきましょう。

2 数学を生活や学習に生かそうとする態度を育てるために

学校生活の中で数学を使う場面を意識させることから始めましょう。

負の数を使うと、生徒数の増減は基準からの差で表すことができます。ある教室の位置を0地点とすると、上の階はプラス、下の階はマイナス、東西の離れ具合を数値で表すこともできます。このように教師が使う場面を例示しましょう。

そのうちに、生徒が学習した数学を使うシーンに出合うことができるはずです。その際にタイミングよく、**「いいねぇ、数学をうまく使っていますね」などと価値付けする**ことです。

●数学を生活や学習に生かす態度を育てる教師の姿勢

「先生は本当に数学が好きだね」と生徒から言われるほど、教師は数学の有用性を常日頃伝える姿勢をもちたいものです。**「ああ、それは数学で言えばね…」**などといった言葉を意図的に出すようにしましょう。

第4章 9 「問題解決の過程を振り返って評価・改善しようとする態度」を育てるには

1 問題解決の過程を振り返る意義

新しい学習指導要領の解説には，次のように記されています。

> 結果が得られたところで終わるのではなく，結果の妥当性を検討することが大切である。その際，解決の方法や内容，順序を見直したり，自らの取り組みを客観的に評価したりすることが大切であり，これらが評価・改善しようとする態度であるといえる。

こうした態度を育てるために，教師はどうすればよいのでしょうか。それには，**教師自身が問題解決の過程を振り返る意義を理解している**ことです。この意義について，生徒に語ることができるでしょうか。例えば，次のように話してはどうでしょうか。

> 数学の時間では，毎時間，最後に振り返りを書いてもらっていますね。なぜ振り返りを書いてもらっているかを話しておきます。
> 振り返ることは，自分が行った仕事を冷静に見直すことにつながります。大きな話をしますが，よい仕事をするためには必ず振り返りが必要です。指示されたことができたからいい，という考えでは，今後の伸びがありません。自分が行ったことに対して，よりよい方法はなかったのか，今度同じことをするときに生かせる点は何だろう，などと考えることができる人は伸びるのです。

> こうしたことを習慣化するためには，経験の積み重ねが必要です。だからこそ，数学の授業終了時の振り返りを大切にしたいのです。

2 的を射た生徒の振り返りを評価する

「振り返りなさい」と指示しても，どの生徒もよい振り返りができるものではありません。

生徒の振り返りを読みながら，その生徒の伸びが感じられるところ，よい視点で書かれた箇所などに，○をつける，波線を引くなどして，評価をしましょう。

振り返りこそ，相対評価ではなく，絶対評価（特に「個人内評価」）であるべきです。

また，次時で共有しておきたい振り返りを紹介し，なぜこの振り返りがよいのか，そのよい点をしっかりと伝えることも，生徒を伸ばす効果があります。

●評価・改善しようとする態度を育てる教師の姿勢

上述のように，振り返りを評価することが大切です。

中学校ですから，自分の担任学級以外でも数学授業をすると思います。

例えば，ある学級の生徒がとてもよい振り返りを書いたとしましょう。

職員室でその学級担任に，

「○さんはこうした振り返り文が書けていましたよ。ぜひ学級でもほめてあげてください」

と伝えることです。

生徒は直接的なほめ言葉も喜びますが，

「○○先生から，よい振り返りを書いたと聞いたよ。すばらしいね」

といった間接的なほめ言葉も効果があります。

教員間の情報交流を盛んにして，生徒の評価・改善しようとする態度を育てましょう。これこそ協働性を発揮するということです。

第5章

各学年・領域の授業づくりのポイント

CHAPTER
5

第5章

第1学年「数と式」の授業づくりのポイント

1 第1学年「数と式」の内容

　最初に，「数」に関する内容です。第1学年では，数の範囲を拡張し，数の性質や計算について考察する力を養っていきます。まず，数の範囲を正の数と負の数にまで拡張し，数を統一的に見られるようにして数についての理解を深め，その四則計算ができるようにします。また，具体的な場面で正の数と負の数を用いて表したり処理したりして活用できるようにします。また，これに関連して，自然数を素数の積として表すことを取り扱います。

　次に「式」に関する内容です。第1学年では，文字を用いて数量の関係や法則などを考察する力を養っていきます。まず，文字を用いて数量の関係や法則などを式に表現したり式の意味を読み取ったりするとともに，文字を用いた式の計算ができるようにし，具体的な場面でそれを活用できるようにします。また，方程式について理解し，具体的な場面で一元一次方程式を用いて考察し活用することができるようにします。

2 数の範囲を正の数と負の数にまで拡張する

　これまでは0と0より大きい数のみを扱ってきたのが，負の数の導入で，一気に数の範囲が広がるわけです。数直線で言えば，0より右側だけの世界だったのが，左側も認識できるようになったわけです。

　授業を参観していると，この数の範囲を拡張する価値が強調されておらず，残念に思うことがあります。負の数が含まれた四則計算が素早く正確にでき

ることだけを目指している授業と言ったらよいのでしょうか。教師は，**数の範囲が「負の数」まで拡張されたことのよさを，もっと熱をもって伝えましょう。**

「すでに負の数について知っていた人も多いと思いますが，『いやぁ，これはすごいことだ！』と思ってほしいのです。だってね，中学校入学前まで，『5－8はいくつ？』と聞かれたら，『5－8はできません。分かりません』などと答えていたのですよ。それが，負の数の導入によって，『－3です』と明解に答えられるようになったのですから，これはすごいことです。知識が増えたことで，人生が豊かになったのですよ」

と，少々オーバーでよいので，生徒に語ってください。教師の熱い指導言によって，生徒が徐々に学ぶことの価値に気付いていくものだからです。「負の数」を学んだ途端，自ら「先生，これはすごいことです」などという生徒はいません。

3 数を統一的に見られるようにして数についての理解を深める

数を統一的に見るよさも生徒に実感させておくことが大切です。ここでは，減法を加法の計算と見ることが該当します。

生徒の先行経験としては，小学校の分数の学習において，逆数を用いて除法を乗法の計算とみることがあります。経験しているといっても，「分数でわる場合は，逆数にしてかけ算をすればよい」という程度の理解で，この根底にある除法を乗法の計算とみることまで深く理解している生徒は少ないものです。生徒の言葉で言えば，「やり方が分かっていて，間違わないからいい」といった程度での理解なのです。したがって，**「学び直し」をするよい機会と捉え，減法も加法の計算に見ることができるよさとともに，改めて扱っておくとよいでしょう。**

4 文字を用いることの必要性と意味を押さえる

かつて「中学生だから文字の式を使います」と説明している教師がいました。私が生徒なら「なぜ中学生は文字の式を使うのですか？」（心の中では小学生でも使ってきたと思いながら）と突っ込みたくなる教師の発言です。

やはり文字を用いた式のよさを体感させることが大切です。例えば，
「『長さ a cmのひもから，長さ5cmのひもを x 本切り取ります』という文章を式で表すと『$a - 5x$』と，とても短く表現することができます。これが文字を用いた式のよさです」
と，教師がしっかりと価値付けておくことです。

逆に ab という文字の式を基に文章をつくらせて，文字を用いた式のよさを体感させることもよいでしょう。

・縦 a cm，横 b cmとしたときの長方形の面積
・a 円のペンを b 本買ったときの値段
・a リットル水が入る瓶 b 本の水量

など，**数量の関係を具体的なものに束縛されることなく，抽象的な数の関係として表せることのよさを理解させたい**ものです。

5 一元一次方程式を解くことに自信をもたせる

一元一次方程式では，代表的な操作のよさを理解するとともに，一元一次方程式を具体的な場面で活用できるようにすることが目標とされています。簡単に言えば，一元一次方程式を解けるようにするということです。

そのために，練習量を多くしようと宿題を出すことも必要だと思いますが，それだけに頼ってしまっては絶対にいけません。授業中に解けないのに，宿題にしたら解けるようになるわけがありません。宿題だけはよくできるという生徒は要注意です。

なかなか習得できない生徒には次のような指導が有効です。

● 「方程式が解けた」とはどういうことかを丁寧に押さえる

方程式が解けたとは，分からない文字 x の値が分かったことであることを強調します。つまり $x=3$ などと式を変形することができれば，方程式が解けたのだと知らせます。実は，こうした当たり前のことが分かっていない生徒が少なくありません。

● 少しずつ方程式をレベルアップする

$x-2=8$

このあたりから始めるとよいでしょう。できない生徒には「前にやったでしょ」と声をかけないことです。できるのなら，すぐに答えるはずです。できないから声を出さないのです。

小学校の指導のようですが，**「ある数 x から２をひいたら８になったのだから，ある数はいくつ？」**といったレベルまで教師が下がる覚悟をして，ぜひ「分かった」「できるようになった」という実感を生徒にもたせてください。

そうして，$x-3=8$，$x+2=7$ などのレベルの方程式を矢継ぎ早に提示し，すばやく解けるようにさせます。ここでも，誤答が出るようであれば，急いで次の段階に行かないことです。

できるようになれば，$2x=10$ など乗除が必要な方程式を提示します。

さらに $2x-4=14$ など，ちょっとした複合の問題を提示し，生徒に「できる！」という気持ちをもたせてください。

やる気を失った生徒は，決して自ら取り組もうという気持ちをもちません。どれだけ宿題を出そうと，まったく効果はありません。

第1学年「図形」の
授業づくりのポイント

1 第1学年「図形」の内容

まずは「平面図形」です。

小学校段階で，図形を構成している要素（辺，角，頂点など），それらの相等や位置関係（平行，垂直など）を考察することにより，図形に対する見方が次第に豊かになっています。

これを受けて，第1学年では，平面図形の対称性に着目することで，見通しをもって作図し，作図方法を具体的な場面で活用します。こうした学習を通して平面図形の性質や関係を直観的に捉え論理的に考察する力を養います。

また，図形の移動について理解し，2つの図形の関係について調べることを通して，図形に対する見方を一層豊かにすることが目標とされています。

次に「空間図形」です。

第1学年では，算数で立体図形として扱ってきたものを空間図形，つまり空間における線や面の一部組み合わせたものとして扱う点に注意が必要です。また，図形の計量も計算方法を導くことだけではなく，図形について理解を深める位置付けであることも心しておくべきです。

いずれにしても，観察や操作，実験などを通して図形を考察することを基本として授業を進めていきましょう。

2 算数で学習した図形の対称性を想起させる

角の二等分線，線分の垂直二等分線，垂線などを学習しますが，その前提

として算数で学習した平面図形の対称性に着目させることの重要性が新しい学習指導要領の解説に述べられています。

しかし実際には，作図の方法は教師側から教えるべき事柄でよいという考えからか，一方的に作図法を教え，習熟に時間をかける授業に陥りがちです。時間的な制約から，そのようにせざるを得ない事情も分かりますが，せめて**作図法の1つは，図形の対称性に着目させて作図方法を考える時間をつくるべき**です。考える経験を一度しておくと，他の作図法も考えようとするものです。

さらに言うと，図形単元は第1学年の後半に位置付けられている場合がほとんどだと思いますが，そのような時期であれば，多くの生徒が考えることを楽しみにしている教室に育てていなくてはいけません。

角の二等分線，線分の垂直二等分線，垂線とも，「ひし形」の対称性を想起して考えさせることをおすすめします。

また，作図の学習の最初に，数学における作図についてきっちり定義することを忘れてはいけません。

・数学における作図とは，定規とコンパスだけを用いて行うもの
・定規は，2点を通る直線を引くための道具
・コンパスは，円をかいたり長さを写し取ったりするための道具

ここで，ひし形の対称性を導入とした作図の学習展開を紹介します。
①これから数学における作図の学習をすることを伝え，作図の定義をする。
②垂直二等分線，角の二等分線，垂線の定義を確認する。
③新たな学習を進めるため，ひし形について振り返ることを伝える。
　ひし形を示し，ひし形について知っていることを発表させる。
　　・4つの辺が等しい　　　　　・向かい合う角が等しい
　　・対角線が垂直に交わっている　・線対称の図形　など
④ひし形の中に，垂直二等分線，角の二等分線，垂線を見つける。

⑤発見を基に，ひし形をかくことで垂直二等分線，角の二等分線，垂線がかけることを認識させる。
⑥順次，作図法にしたがって作図をする。

3 平面で考えたことを空間で考えると捉えさせる

　空間図形は，平面図形とつなげて考えさせることが大切です。
　空間における直線が2点によって決定されること，平面が同一直線上にない3点，1つの直線とその上にない1点，交わる2直線によって決定されることなど，平面で考察したことを類推によって空間に拡げ，空間についての豊かな感覚を養うことを忘れてはいけません。
　平面と空間を結び付けた導入と展開例を1つ示しましょう。空間図形は，平面図形の運動によって構成されたものと見ることができることを強調した授業例です。

①黒板に1点をかきます。
　「この点が黒板上を動くと何ができますか」
　と問い，線ができることを確認します。
②「先ほど先生は点をかきました。今度は何をかくと思いますか？」
　などと生徒と対話をしながら線を引き始め，線が動くと何ができるかを問い，線が動くと面ができることを確認します。
③1点を空間にかき，空間においても同様に，点が動くと線ができることを確認します。また，線が動くと面ができることも押さえます。
④「**では，空間において面が動くと何ができるでしょうか？**」
　と問います。これが授業の主発問です。

　できれば生徒から「どのような面を動かすのですか？」「どのように動かすのですか？」といった質問が出てくることが望ましいのですが，はじめに

ヒントを与えてもよいでしょう。
　例えば，長方形の面をまっすぐ上に（平行に）動かします。直方体ができるとみなせます。こうしたことはどの生徒も理解できることです。

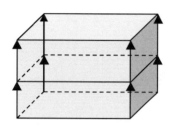

　このことが理解できると，「どのような面をどのように動かすとどのような立体ができるとみなせるか」という本質的な問題を考えることができます。
　例えば，生徒は「三角形を平行に動かすと三角柱ができるとみなせる」といった簡単な例だけではなく，「長方形を斜め上に動かすと，こんな立体ができるとみなせる」など，表現することが困難な立体を想像したりします。
　さらに長方形を回転させると円柱ができるなど，回転体の発想もごく自然に出てきます。実際の授業では，生徒が「長方形を回す」と発言したことから，教師が下の図のようにわざとぼけて回したことで，直線を軸として回すといったより数学的な表現を出させました。

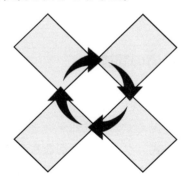

　このように，**教師が「分からず屋」になると，自分の考えをどうにかして伝えようと生徒は必死になり，結果として数学的な表現が磨かれていきます。**

第1学年「関数」の
授業づくりのポイント

1 第1学年「関数」の内容

　第1学年で扱う「関数」の内容は以下の通りです。
　小学校第4学年から第6学年にかけて，変化の様子を表や式，折れ線グラフを用いて表したり，変化の特徴を読み取ったり，ともなって変わる2つの数量を見いだしてそれらの関係に着目し，変化や対応の特徴を考察したりしてきました。
　第1学年の目標は，そういった小学校の学習を基に，具体的な事象の中からともなって変わる2つの数量を取り出して，その変化や対応の仕方に着目し，関数関係の意味を理解させることです。
　また，比例，反比例の学習は，日常生活において数量間の関係を探究する基礎となります。具体的に事象を考察することを通して，関数関係を見いだし考察し表現する力を養います。

2 よく見られる関数指導の間違い

　「関数指導のポイントは，生徒に表，式，グラフをマスターさせることだ」と指導のポイントを誤って捉えている教師がいます。もちろん，**事象の変化を捉える手立てとして表，式，グラフは大切なものですが，それらがかけるようにすることが関数指導のすべてではありません。**「関数と言えば表，式，グラフを思い出せ」と強調し過ぎてはいけません。関数そのものの理解をしっかりさせることが重要です。

世の中には，ともなって変わる2つの数量はたくさんあります。まずはそのことに気付かせるのです。「テストの点数とお母さんの機嫌には関数関係があるかな？」など，関数を幅広く捉えようとする質問や事例なども生徒に示しましょう。

3 関数の定義から表，式，グラフを価値付ける

「水道の蛇口を開くとします。時間が経つと変わるものはなんでしょう」など，生徒の身近なことを話題にして，関数関係が身の回りにあることを知らせます。この例であれば，「時間が経つと変わるのは，流れた水の量」や「水道料金」といったことが出されるでしょう。

このように，どの生徒もイメージをもちやすい例を出した後，関数の定義に触れます。

「ともなって変わる2つの変数x，yがあって，xの値を決めると，それに対応してyの値がただ1つに決まるとき，yはxの関数である」

しかし，このままでは具体例と結び付かない生徒がいます。

ともなって変わる2つの変数＝時間，流れた水の量
時間を決めると，それに対応して流れた水の量がただ1つに決まる
流れた水の量は，時間の関数である

このように，**定義と具体的な事象を結び付けておくことが大切**です。

この後の展開でよく見られるのは，「それでは時間と流れた水の量の表をつくります」という「表ありき」の展開ですが，この一歩手前の思考が必要です。

「時間が経つと流れた水の量はともなって変わるのですが，時間が経てば経つほど水の量はどうなりますか？」
と問いかけます。

生徒は，「どんどん多くなります」「増えていきます」などと発言するでしょう。そこでさらに質問を重ねます。
「『多くなる』『増える』とはどういうこと？」
と曖昧な質問をします。
　生徒は「ずっと増え続ける」「きれいに増えてくる」など，国語的な表現をすることでしょう。
　「気持ちはよく分かりますが，それは国語的な表現です。数学的な表現をするための手立てを教えます。それは，表にしたり，式に表したり，グラフにしたりすることなのです」
と，はじめて表・式・グラフの意義，価値を指導します。そうすることで，生徒は表，式，グラフが変化の様子を数学的に表すための大切な手段だと認識します。

4 算数における比例,反比例を確認しておく

　比例については，小学校でも時間をかけて学習してきているので，簡単に扱う教師がいます。確かに，中学校では変域を負の範囲まで拡張し，文字を用いた式で表現することがねらいですから，新たに理解することはそう多くありません。小学校段階との違いを意識させることで，生徒は短時間で理解することができます。
　ただし，小学校での学習内容をしっかり把握することを怠ってはいけません。比例の意味については，次の3通りで学習しています。

- 2つの数量があり，一方の量が2倍，3倍，…と変化するのにともなって，他方の量も2倍，3倍，…と変化し，一方の量が2分の1倍，3分の1倍，…と変化するのにともなって，他方の量も2分の1倍，3分の1倍，…と変化する。
- 2つの数量の一方が m 倍となれば，他方も m 倍となる。

・2つの数量の対応している値の比（商）に着目すると，それがどこも一定になっている。

この定義にしたがって，負の数に拡張しても成り立つかを丁寧に調べさせることが重要です。

x	…	-4	-3	-2	-1	0	1	2	3	4	…
y	…	-8	-6	-4	-2	0	2	4	6	8	…

　一方が2倍，3倍と変化することを，これまでは正の数の範囲だけで見てきました。したがって，xを1から2，1から3など，右へ2倍，3倍と変化させ，yの値も2倍，3倍となっていることで比例の定義に当てはまることを確認しました。

　それを，負の数の範囲から正の数の範囲でも行っていくことが大切です。例えば，xを-4から-2へ変化させることは，2分の1倍とすることです。yの値が-8から-4へ変化しています。つまり，xと同様に2分の1倍になっています。xを-2から2へ変化させることは，-1倍することです。yの値は-4から4に変化しています。まさに-1倍となっています。

　このように，**負の数に拡張しても比例と言えることを丁寧に確認しておきましょう。**反比例も同様です。

5 グラフは細部まで気を付けることを指導する

　中学校に入ってのはじめてのグラフ指導です。細部にまで神経を使ってかくように指導しましょう。
　生徒に実際にグラフをかかせると，例えば，反比例のグラフの端がx軸やy軸にくっついていたり，末端が上がってしまっていたりすることがあります。

第1学年「データの活用」の授業づくりのポイント

1 第1学年「データの活用」の内容

　第1学年で扱う「データの活用」の内容は，大きく2つに分かれています。1つは「データの分布」に関すること，もう1つは「不確定な事象の起こりやすさ」に関することです。
　「データの分布」では，目的に応じた適切で能率的なデータの集め方や，合理的な処理の仕方が重要であることを理解させます。また，ヒストグラムや相対度数などを理解し，データの傾向を読み取ったり，批判的に考察して判断できるようにしたりします。
　「不確定な事象の起こりやすさ」では，不確定な事象の起こりやすさの程度の表し方や，起こりやすさの傾向を読み取り，表現する内容を扱います。

2 データの整理と活用の必要感をもたせる

　第1学年の「データの活用」での学習を通して目指すところは，生徒が目的に応じてデータを集めたり，よりよい処理ができたりすることです。ベテラン教師の中には，かつての学習指導要領の内容に引きずられ，「資料の整理」，つまり度数分布表やヒストグラムの作成自体に重きを置いた授業になりがちな人がいます。この領域は，世の中の動きに応じて，改訂のたびに名称の変更（「資料の整理」→「資料の活用」→「データの活用」）や内容の変化が起こっていることに留意すべきです。
　したがって，**数学的活動を通して，データの整理と活用の必要感を生徒が**

捉えられるようにすることが大切です。基本的事項を学習した後，例えば，次のような問題を投げかけてみてはどうでしょう。

> 今回の数学テストの点数は65点でした。お母さんにこの点数を知らせると，怒られることは間違いありません。なんとかして怒られることは避けたいと思います。そのために必要なデータが手に入るとしたら，どのようなデータを入手したいですか。

身につまされる話題なので，生徒も関心をもって取り組むはずです。生徒からは，次のような考えが出されることでしょう。
・学級全員のテストの点数
・テストの平均点，中央値，最頻値
これらの考えを受け入れながら，
「学級全員のテストの点数を知って，どうするの？」
「平均点が65点より上だったらどうする？」
などの質問をします。

点数の印象がよくなる代表値を選んで母親に知らせたり，ヒストグラムの階級の幅を変えてよい位置にいると思われるように伝えたりして，お母さんに65点でも怒られないようにしたい，などといった発言を引き出しましょう。
こうしたやりとりから，生徒は目的に応じたデータ処理のよさを感じます。

3 ヒストグラムや相対度数の必要性をつかませる

ヒストグラムや相対度数の必要性をつかませることも，外すことができません。
それには，ヒストグラムについての理解が必要です。ヒストグラムは，階級の幅を横，度数を縦とする長方形を並べたグラフです。度数分布表をヒストグラムにすると，データ分布の状況が直観的に分かるようになります。そ

のため，生徒はその必要性を感じると思いますが，実はそうではありません。教師が意識させないと，生徒はヒストグラムのよさや必要性まで感じません。度数分布表からヒストグラムを作成しているため，作業だけに意識がいってしまうからです。一度は手作業で作成することが必要ですが，それ以後は，コンピュータの活用を強くおすすめします。

かつて生徒から，
「棒グラフを横文字で表現した場合にヒストグラムというのですね」
と言われてびっくりしたことがあります。確かに，ヒストグラムと棒グラフは似てはいますが，いくつか異なる点があります。

ヒストグラムは，横幅が数値軸ですが，棒グラフは横軸に項目が並びます。棒グラフは棒と棒との間にすきまはありますが，ヒストグラムにはありません。このことを話題にするとよいでしょう。

「ヒストグラムの柱と柱の間にすきまがあると，どう見られてしまうでしょうか？」

などと質問をして，データの連続性について押さえておくとよいでしょう。

相対度数の必要性は，母集団の違いから理解できますが，計算して算出することに時間がかかってしまうと，そのよさは伝わりません。ここでの学習もコンピュータ活用が必須だと思います。**算出する時間を短縮して，様々な事例に触れることに重点を置き，そのよさを実感させましょう。**

4 「不確定な事象」の意味をしっかり押さえる

不確定な事象の起こりやすさ，つまり確率の学習は，これまで第2学年のみで扱われてきました。それが，第1学年で統計的確率を扱い，第2学年で第1学年の学習を受けて数学的確率を扱うことになりました。

ここでは，まず「不確定な事象」という言葉の意味をしっかり押さえましょう。確率自体は生徒にとっても比較的身近な言葉ですが，**「不確定な事象」についても生徒が正しく理解できていると思って学習を進めるのは危険**

です。
　まずは，生徒が考える不確定な事象をいくつかあげさせてみることから始めましょう。
　・バスケットボール部男子のシュートが入る数
　・1日にペットボトルキャップが届けられる数
　・通学路の大通りで信号に止められる時間
　・1日に図書館に来る人数
　・1週間の中で，先生が赤の入った服を着てくる日数
　実際の授業で，生徒から上のような例が出されたことがあります。このように，不確定な事象と考えてよいか判断に迷う意見が出されると思いますが，あまり厳密に捉えない方がよいと思います。検討の際には，多数の観察や多数回の試行によって，その事象の起こりやすさを相対度数で表せるかどうかを考えさせるとよいでしょう。

5　多数回の試行から相対度数を算出させる

　多数回の試行を通して統計的確率を体感させることは必ず行いましょう。**単に説明を聞くだけで終わっている場合と，実際に経験したことがあるのとでは，理解の深さが違います。**
　例えば，消しゴムのそれぞれの面に記号をつけて投げた場合，一番出やすい面があるのかどうか，それぞれの面はどれくらいの確率で出るのかを実験を通して考えさせることは一案です。
　生徒の消しゴムの形は様々ですから，それぞれの面の相対度数に違いが出てきます。ほぼ同じ大きさで同じ製品の消しゴムにおいても，相対度数に違いが出てきます。その場合には，大きな差が生じる要因を考えさせてもよいでしょう。

第2学年「数と式」の授業づくりのポイント

1 第2学年「数と式」の内容

　第1学年では，正の数と負の数を用いて数量や数量の関係を表したり，文字を用いて数量の関係などを式に表現したり式を読み取ったりすること，文字を用いた式が数の式と同じように操作できることなどを学習しています。また，一次式の加法と減法を取り扱い，一元一次方程式が解ける程度の簡単な式について学習しています。

　第2学年では，第1学年の学習を基にして，いくつかの文字を含む整式の四則計算ができるようになることや，文字を用いた式で数量や数量の関係を捉え説明できるようにすることが目標の1つです。また，文字を用いて式に表現したり式の意味を読み取ったりする力を養うとともに，文字を用いた式を具体的な場面で活用することを通して，そのよさを実感できるようにします。さらに，二元一次方程式とその解の意味，連立させることの必要性と意味，これらを活用できるように学習します。

2 第1学年の式の計算の内容を振り返る

　第2学年では，次のような式の処理を学習します。
　　$(6x+5y)-(2x+2y)$
　$=6x-2x+5y-2y$
　$=4x+3y$
　この学習をした際，第1学年の学習内容を強化しておくとよいでしょう。

$(6x+5)-(2x+2)$
$= 6x-2x+5-2$
$= 4x+3$

　第1学年で学習したことを今さらなんで強化するのだと思うでしょう。第1学年では，$4x+3=7x$としてしまう生徒がいます。おそらくそのときには，「文字が入った式と数との加法はできません」といった説明をしていると思います。生徒はそうなのだと理解することでしょう。

　そして，第2学年では「同類項」という用語を学習します。**この視点で第1学年の式を読み直すことにします。**

$4x+3$

この式には，xの項と1の項があると見させるのです。つまり，

$4 \times \underline{x} + 3 \times \underline{1}$

と見ることができます。xと1は同類項ではないので，これ以上の整理ができないことを納得できます。

3 偶数と奇数を違う文字で表す理由を問う

　第2学年の「数と式」では，どの教科書にも偶数と奇数を話題にした問題があります。この問題で多くの生徒が混乱することがあります。それは，文字による偶数と奇数の表し方です。

　例えば，教科書には以下のような記述があります。

> 　偶数は2でわりきれる数なので，「2×整数」と表すことができます。つまり，mを整数とすると，偶数は$2m$と表すことができます。
> 　また，奇数は偶数より1大きい数と考え，nを整数とすると，$2n+1$と表すことができます。

　生徒はこの説明を理解したつもりになるのですが，「偶数と奇数の和は奇

数になることを，文字を使って説明しましょう」という問題を出されると，文字を1種類しか使わない誤答が多く出てきます。

> 整数を m とすると，偶数は $2m$，奇数は $2m+1$ と表せるので，偶数と奇数の和は，
> $2m+(2m+1)=4m+1$
> $\qquad\qquad\quad =2(2m)+1$
> したがって奇数である。

この説明が誤答であることを知らせると，「偶数のときは m，奇数のときは n を使わなければいけないから間違いなのだ」と納得してしまう生徒がいます。

こういう生徒がいることを踏まえて，

「なぜ文字を変えないといけないのだろう？ $2m$ は偶数，$2m+1$ は奇数を表しているのではありませんか？」

と思考を揺さぶってやることが大切です。

こうした揺さぶりで，文字を1つにすると，常に2と3，4と5のように偶数と奇数が連続する場合のみしか表していないことに気付くことでしょう。

このように，生徒は不十分な理解のせいで混乱するものだと肝に銘じておきましょう。

4 一元一次方程式と二元一次方程式を比べる

二元一次方程式を登場させる際には，一元一次方程式を想起させるとよいでしょう。

　一元一次方程式　　$2x+5=9$
　二元一次方程式　　$2x+y=9$

まず解を求めさせてみます。一元一次方程式は解けなくてはいけません。

$2x = 9 - 5$
$2x = 4$
$x = 2$

　生徒は一元一次方程式が式変形で解けたため，二元一次方程式も同様に解けるものだと思っています。ところが，**授業では表などを使って二元一次方程式を成立させる x，y の組を考えさせるので，「なぜ？」と思う生徒もいて当然**なのです。

　このことを踏まえて，「二元一次方程式は式変形で解くことはできないので，式を成立させる x，y をまずは考えてみましょう」とひと言伝えておくとよいでしょう。

5　連立方程式の解き方で論理的な思考を育てる

　連立二元一次方程式の解き方は，一元一次方程式に帰着させることを目的として，生徒に考えさせましょう。論理的な思考を育てるよい機会です。

　それには，**一元一次方程式と比較させることが大切**です。どんな違いがあるかを問うことで，連立二元一次方程式は，

・式が2つある

・文字が2つある

ということにだれもが気付きます。このことから，文字を1つにすれば解けることに結び付きます。

　どうしたら文字を1つにすることができるかを話し合う中で，「加減法」や「代入法」の用語を提示していきます。

第2学年「図形」の
授業づくりのポイント

1 第2学年「図形」の内容

第2学年で扱う「図形」の内容は以下の通りです。

まずは，基本的な平面図形の性質です。第2学年では，数学的な推論を用いて，三角形や四角形などの多角形の角の大きさについての性質を調べることができるようにします。また，その推論の過程を相手に分かりやすく伝えることができるようにします。

図形の合同では，三角形の合同条件を使って，図形の性質を演繹的に確かめ，論理的に考察し表現する力を養います。図形の性質を調べる過程や結果について説明し伝え合う活動を通して，表現力を高めます。

2 算数の学習と関連付ける

第2学年では，平行線の性質，平行線になるための条件として，次の2つの事柄が示されています。

> ・平行な2直線に他の直線が交わったときにできる同位角は等しい。
> ・2直線に他の直線が交わってできる同位角が等しければ，この2直線は平行である。

算数では観察などから直観的に平行を理解してきています。例えば，算数の教科書には，次のような説明があります。

直線㋐と直線㋑は，どちらも1本の直線に垂直で，のばしても交わりません。1本の直線に垂直な2本の直線を「平行である」といいます。

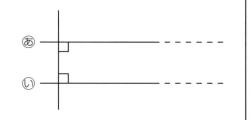

　右のように，上図に直線を1本かき加え，交わる直線によってできる角を観察させると，等しい角があることに気付きます。**算数の内容とのつながりを意識させると，生徒は数学を発展させることの価値も知ることになります。**

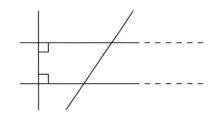

3 意図的に主体性を生み出す

　新しい学習指導要領のキーワードの1つに「主体的・対話的で深い学び」があります。そのため，「生徒を主体的にさせるにはどうしたらいいのでしょうか？」といった質問を受けることがあります。生徒の主体性を生み出すには，日頃の授業を意図的に主体性を生み出す展開にして，それを積み重ねることです。
　三角形の3つの内角の和を明らかにしてからの教師の指示を例にします。
●**主体性を育てる意識がない教師の指示**
　「三角形の3つの内角の和は180°であることが分かったので，今度は四角形の内角の和を考えてみよう。その次は，五角形，六角形…と考えて，最後は n 角形まで考えます」

●主体性を育てる意識がある教師の指示

「三角形の三つの内角の和は180度であることが分かりました。では,今度はどのようなことを考えましょうか?」

前者のように,**生徒の課題をいつも教師が決めていたのでは,生徒の主体性は育ちません。**生徒が「次は四角形の内角の和を考えたらいい」と考えるのと,教師がそのように指示するのとでは,価値がまったく違います。ひょっとしたら,「三角形の外角の和を考えたらいい」と考える生徒もいるかもしれません。そういう発想はぜひ称賛したいものです。

毎時間,授業のどこかで,生徒の主体性を促す授業を受けた生徒と,常に教師からの指示で動いた生徒には,大きな違いが生じてきます。

4 あくまでも論理的に説明することを目指す

「n角形は,1つの頂点から引いた対角線によって,$(n-2)$個の三角形に分けられる」ということをどのように扱っているでしょうか。

よく見られるのは,辺の数と三角形の数の対応表から,三角形の数は,常に辺の数より2つずつ少ないので,n角形の場合は,$(n-2)$になると説明する授業です。しかし,もう少し厳密に説明しておいた方がよいでしょう。例えば,次のような説明です。

n角形の1つ頂点(A)から引くことができる対角線は,その頂点と両隣の頂点を除く$(n-3)$本です。このことによってできる三角形を,引いた対角線と1対1対応させながら数えます。対角線の左側に必ず1つの三角形があり,三角形の数は対角線の数より1つ多くなるので,$(n-3+1)$個,つまり$(n-2)$個となります。

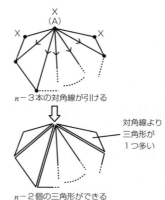

$n-3$本の対角線が引ける

$n-2$個の三角形ができる

対角線より三角形が1つ多い

5 定理を使ったことを価値付ける

　第２学年の図形では，様々な場面で筋道立てて説明できる力を付けることを目指します。その際に，何を基にして明らかにしたかを生徒に意識させることが大切です。

　どの教科書にも掲載されている，星型の先端にできる５つの角の和を求める問題を例に考えます。

　多様な求め方があり，生徒も喜んで考える問題です。**求め方を確認する際に，それまでの定理を板書しておき，活用された定理をチェックしておくと，定理の有効性の「見える化」になります。**また，使っていない定理があった場合に，これを使って明らかにできないかとも考えることができます。

　例えば，右上のように考えたときは，「三角形の外角はそれととなり合わない２つの内角の和に等しい」と「三角形の内角の和は180°」を活用しています。

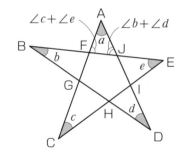

　以前に参観した授業では，それまでに明らかにした定理と活用した定理をチェックしていくと「２つの直線が平行ならば，同位角は等しい」にチェックが入らなかったことがありました。そこで，教師から「この定理を使って説明はできない？」という問いかけがありました。

　その結果，右下の図が登場し，この定理を使っても説明ができることが明らかになりました。

　生徒から多様な考え方を引き出したすばらしい授業でした。

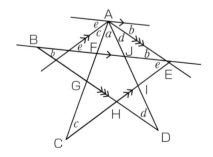

第2学年「関数」の
授業づくりのポイント

1 第2学年「関数」の内容

　第2学年で扱う一次関数の内容は以下の通りです。
　第1学年では，比例，反比例を負の数まで拡張して捉え直しをしました。また比例，反比例を通して，関数の概念形成をしてきました。
　第2学年のねらいは，第1学年と同様に，具体的な事象における2つの数量や対応を調べることを通して，一次関数について深く考察することです。一次関数は比例の発展的な内容で，変化の割合や傾きなどの新たな用語を理解させながら，関数概念をより豊かにしていきます。

2 比例関係は一次関数の特別の場合であること

　比例は一次関数の特別な場合であることを，指導で利用しない手はありません。そのため，教科書では第1学年の振り返りが最初に設定されていると思います。
　事象は様々あります。水槽の水を話題にし，まったく水が入っていない水槽に水を入れる場合，すでにいくらかの水が入っている場合などは，比較が容易で，比例と一次関数の共通点と違いがよく分かると思います。
　このときに大切なのは，**比例と一次関数をしっかり比較させる**ことです。例えば，水槽に水を1分間に2cmの割合で入れるとき，底から水面までの高さは時間とともに変わります。時間を x 分，高さを y cmとして，関係を表にさせます。

x	0	1	2	3	4	5	6	…
y	0	2	4	6	8	10	12	…

　また，もう1つの水槽には，すでに6cmの高さまで水が入っているとします。他は同じように考えると，次の表になります。

x	0	1	2	3	4	5	6	…
y	6	8	10	12	14	16	18	…

　この2つの表を丁寧に調べる活動で，比例と一次関数の違いを実感することができます。

　上表では，比例の特徴通り，xが2倍，3倍…になると，yも2倍，3倍…となっています。ところが，下表ではそうはなっていません。この比較だけで，比例とは違う関数があることが分かります。

　共通点にも注目させておくとよいでしょう。共通点は，xが1増加するとyが2増加することです。これは変化の割合に通じる見方です。また，下表のyの値は，上表のyの値と比較してすべての値が6大きいことが特徴です。

　こうした押さえをした後で，一次関数の定義をするのです。

　「yがxの関数で，$y = 2x + 6$のように，yがxの一次式で表されるとき，yはxの一次関数であるという」

　ただし，上表は$y = 2x$と表せます。つまり比例は一次関数の特別な場合であることも表と式を基につかませておきます。

3 「変化の割合」の価値を知らせる

　第2学年では，変化の割合を学習します。

　なぜ変化の割合を学ぶのかを，生徒に語っているでしょうか。学習前，学

習後でもよいので、その理由について触れておきたいものです。

本項の冒頭で書いたように、関数概念をより豊かにするためですが、生徒にそのように伝えてもよく分かりません。では、**変化の割合はグラフの形を数学的に表現できるものだと伝えたらどうでしょうか**。変化の割合が一定であればグラフは直線となると言えますし、そうでなければ曲線であると言えるからです。

このことを納得させるために、一次関数の変化の割合を学習した後に、反比例で変化の割合を扱うとよいでしょう。変化の割合を学習することの価値がよりよく分かります。

4 二元一次方程式と一次関数が同じであることを丁寧に扱う

「二元一次方程式は一次関数と同じ」

このように説明しても間違いではありませんが、生徒にとってはあまりにも唐突です。こうした表現は、すでに分かっている人への言葉です。やはり丁寧に扱うべきです。

二元一次方程式の解を座標にとり、方程式をグラフに表そうという発想は生徒からは生まれません。この発想は教師が示すものです。だからこそじっくり取り組ませないと理解が不十分になる可能性があります。「何をしているかよく分からないから、先生の指示にしたがってやってみた」という生徒を生み出さないようにしましょう。

例えば、二元一次方程式 $3x+y-6=0$ を提示します。復習を兼ねて、この方程式の解を求めさせます。

その解をグラフにプロットさせます。多くの解をとり、その解の並び方から、直線になることを理解させましょう。

次ページ左のグラフは、二元一次方程式 $3x+y-6=0$ の解 $(1, 3)$、$(2, 0)$、$(3, -3)$、$(0, 6)$、$(-1, 9)$ を座標上にプロットした様子です。他の解の座標もとっていくと、グラフが直線になる様子が分かります。

各学年・領域の授業づくりのポイント

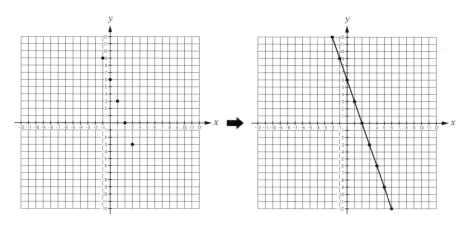

　ここで,「この直線は一次関数と同じに見えますね。どのような式になるでしょう？」と問いかけ,$y=-3x+6$となること,これは二元一次方程式$3x+y-6=0$をyについて解いたときの式と同じになること,このことから二元一次方程式の解を座標とする点の集まりは,一次関数と見ることができるのだと授業を展開します。

5 表,式,グラフの関連を押さえる

　一次関数学習の最終あたりで,改めて表と式とグラフの関連付けをしておきましょう。
・$y=ax+b$のaは,グラフではどこに現れているのか
・bは表やグラフではどこに現れているのか
など振り返ることで,生徒はそれぞれのつながりに納得します。

第5章

第2学年「データの活用」の授業づくりのポイント

1 第2学年「データの活用」の内容

　第2学年で扱う「データの活用」の内容は，大きく2つに分かれています。1つは「データの分布」に関すること，もう1つは「不確定な事象の起こりやすさ」に関することです。

　「データの分布」では，四分位範囲や箱ひげ図を学習することで，複数の集団のデータ分布に着目し，その傾向を比較して読み取り，批判的に考察して判断する力を養います。

　「不確定な事象の起こりやすさ」では，第1学年の学習を土台として，同様に確からしいことに着目し，確率を求める方法を考察したり，確率を用いて不確定な事象を捉え考察して表現したりします。

2 箱ひげ図の定義を押さえる

　まずは，生徒に箱ひげ図の実際を見せて，「どうして箱ひげ図と命名されたのか分かりますか？」と聞くとよいでしょう。

　箱は目につくので理解できますが，箱の上下の線をひげと呼んでよいのかと思う生徒は多いでしょう。

　推測した通り，ひげは箱から上（最大値）下（最小値）にのびた線であると説明します。

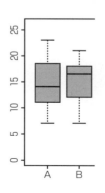

もっとも，箱ひげ図は，左右にひげがある場合があるので，この図だけが箱ひげ図ではないと補足しておきます。
　その上で，箱ひげ図の定義を知らせます。

　箱ひげ図は，
①最小値
②第１四分位数（小さい方から４分の１のところのデータ）
③第２四分位数（小さい方から４分の２のところのデータ，中央値と同じこと）
④第３四分位数（小さい方から４分の３のところのデータ）
⑤最大値
　この５つの数を箱と線（ひげ）を用いて１つの図で表したもの。

　しかし，この説明だけで分かる生徒は多くありません。以下の７つのデータと箱ひげ図を示し，①～⑤がどこに当たるのかを考えさせるとよいでしょう。

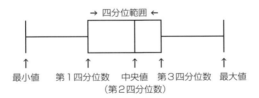

3　箱ひげ図の必要性を感じさせる

　一番重要なことは，生徒が箱ひげ図の有用性や必要性を感じることです。そのためには，**少々時間がかかっても，箱ひげ図をじっくり読み取らせる**ことです。

第5章

　右図は，箱ひげ図を用いてある集団の体重の分布の様子を表したものです。
　次の質問をします。
　「全体で40人います。A，B，C，Dの4区間の中に，それぞれ何人分の体重データが示されていると考えるとよいですか？」→10人ずつ
　「一番軽い人と重い人の体重はどれぐらいですか？」→一番下の値と上の値
　「体重はどのあたりに集中していると言えますか？」→60kgあたり
　「ひげが長くのびているDは，どのように考えるとよいですか？」→78kg以上の体重の人が幅広くいる。

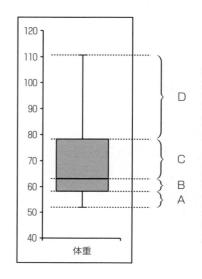

　こうした問答を通して，箱ひげ図からかなりの事柄が分かることを実感することができるはずです。

4 「同様に確からしい」を十分理解させる

　「同様に確からしい」という言葉は，数学独特の言葉です。数学的確率を求めることができるには，起こることが同様に確からしくないといけません。このことを生徒に十分理解させる必要があります。
　例えば，次のような意地悪な質問をしてみます。
教師　サイコロを1200回振りました。1の目が出る確率は？
生徒　200回です。
教師　残念です。このサイコロは1の目がよく出るようにつくられていますから，400回です。
生徒　そんなこと…。

教師 そんなこと…と言ってもね，どの目が出るのも同様に確からしいとは言っていませんよ。
生徒 では，毎回，それを確かめないといけないんですか？
教師 確率の問題は，起こることが同様に確からしいことを大前提としているので，その心配はいりません。同様に確からしいことの重要性を確認しておきたかったのです。

5 確率を求めることは人を優しくする

　前章でも少し触れましたが，確率を求めるときには，落ちなくすべての場合（場合の数）を考えなくてはいけないことから，確率は人を優しくすると生徒に伝えるとよいでしょう。
　例えば，1，2，3の数字が書かれた3枚のカードから，2枚を抜き取って数字をつくるとき，できる数字が12，13，23の3種類としたのではいけません。21，31，32となる場合が忘れられています。落ちなくすべての場合が出されていないと，数学的確率を正しく出すことはできません。
　このことを基に，
　「確率はすべての場合を落ちなく考えなくてはいけません。学級のことを考えるときも，これを忘れてはいけません。いつも学級全員の人のことを考えるという心配りが大切です。このように，確率を求めることは人を優しくします」
と生徒に話すと，生徒の数学へのイメージを豊かにします。

第5章

9

第3学年「数と式」の授業づくりのポイント

1 第3学年「数と式」の内容

　第3学年で扱う「数と式」の内容は以下の通りです。
　第3学年では，二次方程式を解く場合や，三平方の定理を活用して長さを求める場合に，有理数だけでは不十分なので，数の範囲を無理数にまで拡張します。平方根を導入することで，これまで扱うことができなかった量（正の数の平方根）を扱うことになり，数の世界を拡げることになります。
　また，第3学年では，第2学年の学習を基にして，単項式と多項式の乗法，多項式を単項式でわる除法及び簡単な一次式の乗法ができるようにします。また，公式を用いて式の展開と因数分解ができるようにします。
　さらに，二次方程式を登場させ，これまでより多くの場面で，方程式を問題解決に活用できる力を付けることがねらいとされています。

2 数学が得意な生徒を鍛える

　第3学年ともなると，生徒の学力差がはっきりしてきて，授業進行にも神経を使うことが多くなると思います。
　注意しておきたいのは，**授業を壊すのは，授業が分からない生徒ではなく，実はよくできる生徒である場合が多い**ということです。
　例えば，「因数分解の問題を10問解きましょう」と指示したとします。あっという間にできてしまう生徒がいます。しばらくは静かにしていますが，徐々に待ちきれなくなり，隣や前後の仲間に話しかけたり，何かしらゴソゴ

ソしたりしてしまうものです。このような生徒が２，３人出てくると，教室の空気は一気に緩みます。「できた人は静かに待っていてください」と言われても，それも辛いものです。定石としては，あらかじめ次の課題を指示しておくことです。

そういった生徒を鍛えるねらいで，次のような投げかけをしたことがあります。

「プロ教師のすごさを見せてやろう。先生に教科書の因数分解の問題（例えば，教科書16ページ，問題２の10問）を指定してください。暗算で一気に因数分解して見せます」
と言って，あっという間に解いて見せます。

「これがプロ教師の水準だ。この程度の問題なら30秒でやってしまうということだ。挑戦したい人は個人的に申し込んでください」
などとけしかけておくと，「自分はできる」と慢心している生徒が挑戦してきます。数学が得意な生徒を鍛える一例です。

3 正の数の平方根の理解は時間がかかると心得ておく

　正の数の平方根では，数の拡張にともない，「平方根」「根号」「有理数」「無理数」「√ 」と，新たな数学用語が５つ出てきます。

　これらの用語は，当然教えるべき事柄で，教師がきっちりと説明して理解させることが大切です。

　心がけておきたいのは，**一度説明したからといって，生徒がそれをすぐに理解し，活用できるようなことはない**ということです。授業を見ていると，「説明したはずだよ」などと生徒に妙なプレッシャーをかける教師がいます。数学用語は意識して使うことが大切ですが，その用語の定着にはやはり時間がかかります。

　「２乗するとaになる数を，aの平方根と言います。aの平方根は，$x^2 = a$を成り立たせるxの値のことです」

例えば，これを一度聞いただけでスッと理解できる生徒がいたら，その方が不思議だと思った方がよいでしょう。たくさんの事実から帰納的に理解する方が自然です。

有理数も同様です。「分数で表される数」と説明を受けても，「整数は分数で表そうと思えばできるのだけど…」という生徒がいます。むしろこういった疑問を気軽に口にできる生徒を称賛し，学級全員で共有すればよいのです。

4 二次方程式をいろいろな解き方で解かせる

二次方程式の学習のおもしろさの1つに，いろいろな解き方ができることがあります。**「これまで学習したいろいろな解き方で，この二次方程式を解いてみましょう」** という学習場面をぜひつくりましょう。「1問解くことにすら時間がかかる生徒がいるというのに…」と否定的に考えず，先に述べたように，数学が得意な生徒を鍛えるという意味でも，ぜひ取り組んでほしいと思います。

例えば，$x^2-2x-3=0$ を提示して，下のように解き方を指定します。

---
①$(x+m)^2=n$ の形にして解く
②解の公式を使って解く
③因数分解を使って解く

この活動を通して，「二次方程式を解くときの解法①②③の使い方」をまとめさせるとよいでしょう。活動をさせたままにしておくと，生徒の力にはなりません。言語化する活動は時間がかかるので，つい教師がまとめてしまいがちですが，**教師の話を聞かせるだけでは，生徒の力を高めることはできません。**

仮に代表生徒が解法の使い方を発表したとしましょう。それを全員で共有するために，一人一人が再度唱えるなど，全員が活動する機会をつくること

が大切です。

5 誤答例から学ばせる

誤答を基に学びを深めることは有効です。例えば，二次方程式では，次のような一見正解と思える誤答例があります。

二次方程式 $x^2-2x-3=5$ を解きなさい。
これをAさんは，次のように解きました。
因数分解を利用して
　$(x-3)(x+1)=5$
かけて5になるので，$x-3=5$，$x+1=1$ となり，
　$x=8$，$x=0$
つまり，$x=8$，0となる。

教師が説明しながら板書していくと，生徒はなるほどといった顔で聞き，疑問に思わない者が多くいます。
「**これまで因数分解を使うときの右辺は0で考えてきましたが，5などの他の数でもできますね**」などと，さらに揺さぶるのもよいでしょう。
このように生徒の論理的な思考を鍛える良問をいくつかネタとしてもっておくことをおすすめします。

第3学年「図形」の授業づくりのポイント

1 第3学年「図形」の内容

第3学年では,三角形の相似条件などを用いて図形の性質を論理的に確かめたり,数学的な推論の必要性や意味及び方法の理解を深めたりします。基本的な立体の相似の意味を理解し,相似な図形の性質を用いて図形の計量ができるようにします。

また,円周角と中心角の関係について考察し,これによって円の性質の理解をより深め,円周角と中心角の関係を具体的な場面で活用できるようにします。

さらに三平方の定理を扱い,直角三角形だからこそ成り立つ関係の美しさに触れたり,その活用を図ったりします。

2 算数の学習と関連付ける

相似の学習は,小学校第6学年の「図形の拡大と縮小」が基になります。それを意識せずに授業を展開してはいけません。復習を兼ねて,算数の教科書の該当ページの提示から授業を始めるのも1つの展開です。例えば,算数の教科書には,「図形を,その形を変えないで大きくすることを『拡大する』といいます。また,小さくすることを『縮小する』といいます」といった記述があります。このことを確認して,小学校のときと同じ数学的活動をして,相似へ進めている数学の教科書があります。**相似の定義は,小学校での学習経験を基にすると分かりやすい**ということです。

相似の定義は，一般的には次の通りです。

> 2つの図形があって，一方の図形を拡大または縮小したものと，他方の図形が合同であるとき，この2つの図形は相似であると言います。

注意しておきたい点は，**拡大，縮小は操作的な意味を含んでいますが，相似には操作的な意味はなく，2つの図形の関係で定義している**ということです。そのため，算数では，拡大あるいは縮小した図形をかく活動があります。しかし，相似の学習では関係性を論理的に調べます。これが小学校と中学校の違いです。

3 相似であることに気付かない生徒のために

合同な図形を見つけることは比較的容易ですが，相似な図形をなかなか見つけられない生徒は少なからずいます。例えば，下の左図において，相似な三角形をすべて見つけることが難しい生徒がいます。また，折り紙（正方形）を折った図（下の右図）から相似な図形を見つけることがなかなかできない生徒もいます。

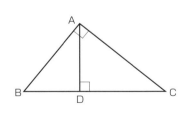 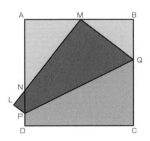

「同じ形であるものを見つけましょう」という指示では視点が定まらず，相似な図形に気付かない生徒がいます。その場合は，**「同じ形というのは，すべての角度が同じであるということですよ」**と指示を追加しましょう。

4 場合分けの必要性を押さえる

　円周角と中心角の関係を確かめるときには，3つの場合に分けて明らかにすることになります。このときに，なぜ3つに分けなくてはいけないのかを十分に押さえていない授業に出合うことがあります。「教科書のように3つに分けて調べます」など，その理由に触れずに進めてしまうのです。「数学的な見方・考え方」を豊かにするには，理由の部分が大切です。

　円周角と中心角の関係を調べるときには，最初に扱うのは，下の左図のように，中心Oが∠APBの辺上にある場合でしょう。

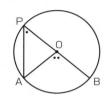 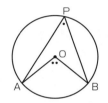

　これが明確になったとき，教師が右の図を示し，「今度はこの場合を調べよう」と指示したのでは，生徒が「数学的な見方・考え方」を働かせる機会を奪うことになります。そこで次のように生徒に投げかけます。

　「この図を使った説明で，円周角の大きさは，その弧に対する中心角の大きさの半分と言えたでしょうか？」

　もっと平たく**「この図は説明するのに都合のよい図を使っているのです。都合のよい図とは，どういうことか分かりますか？」**でもよいでしょう。

　すると，「点Pの位置はいつもOBがのびたところにあるとは限らない」とか，「点Pの位置が特別な場合（OBの延長上）しか言えていない」などの気付きが出てくるでしょう。こういう気付きを大いに認め，「この場合はすべての場合に当てはまっているか」という視点を常にもつことがとても大切であることを強調しておきましょう。

5 特徴的な直角三角形の辺の比は記憶させる

　記憶に留めておくと便利な直角三角形の辺の比は，しっかり覚えさせておきましょう。具体的には，以下の4つの場合です。

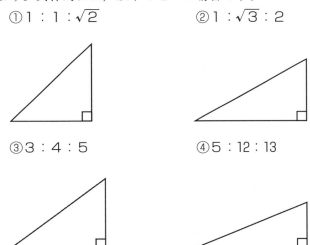

① $1:1:\sqrt{2}$　　　② $1:\sqrt{3}:2$

③ $3:4:5$　　　④ $5:12:13$

　記憶に留めさせるには，覚えていて便利だと実感させることです。「覚えなさい」と言われても，それが問題解決場面で使えないと，生徒はその価値を実感することができません。登場するたびに教師が意図的に「ほら，また出てきたでしょ。計算するより記憶していることを使った方がずっと楽でしょ？」などと伝え，その価値を意識させましょう。

　かつて「5:12:13は，あまり登場しませんね」と生徒から言われたことがあります。立体図形を扱う場面（例えば，四角錐の高さ）では，この数値がかなり使われています。ですから，こう返答しました。

　「『使われていないな』と思うのは，この数値をよく覚えているということです。もう少し学習が進むと，『なるほど！』と思う場面が出てきます。楽しみに待っていてください」

第5章

11

第3学年「関数」の 授業づくりのポイント

1 第3学年「関数」の内容

　第3学年で扱う「関数」の内容は以下の通りです。
　第1学年では，比例，反比例を負の数まで拡張して捉え直しました。第2学年では，一次関数について深く考察してきました。
　これを基に，第3学年では具体的な事象における2つの数量の変化や対応を調べることを通して，関数 $y=ax^2$ について考察します。
　第3学年で問われるのは，これまでの関数指導の成果です。
　関数概念が第3学年で変わるわけではありません。表，式，グラフの関連性も理解してきているはずです。新たな関数に出合ったときに，これまで培ってきた調べる力を大いに発揮できるようにさせたいものです。

2 関数 $y=ax^2$ と比例 $y=ax$ を比較させて導入する

　あることを説明するとき，そのことと比較できるものを示すと相手は理解しやすいものです。関数 $y=ax^2$ の説明も，比例 $y=ax$ の場合と比較させながらするとよいでしょう。例えば，次のような展開です。

>　比例 $y=ax$ を振り返ってみます。ともなって変わる2つの変数 x，y があって，x の値を決めると，それに対応して y の値がただ1つに決まります。このとき y は x の関数であると言いました。
>　では，$y=ax^2$ と $y=ax$ とを比べてみましょう。どこが違いますか？

> そうですね。x が2乗になっていることだけですね。
> ということは、x^2 を1つのもの、例えば z としたら、y は z に比例する、すなわち y は x^2 に比例すると言えますね。

このように、第1学年の比例と比較させながら、一気に関数 $y=ax^2$ を導入することもできます。

3 過去の学習に照らして変域について考える

> 関数 $y=\dfrac{1}{4}x^2 \ (-2 \leqq x \leqq 4)$
> このときの y の変域を求めなさい。

上のような変域の問題を与えたとき、戸惑いを覚える生徒は少なからずいます。そんなときは、過去の学習に照らしてその意味を考えさせてみましょう。つまり、**変域のこの種の問題を第1学年、第2学年では考えてこなかったのに、第3学年で考えるのはなぜかを検討してみる**ということです。

- 比例………$y=2x \ (-2 \leqq x \leqq 4)$
- 反比例……$y=\dfrac{2}{x} \ (-2 \leqq x \leqq 4)$
- 一次関数…$y=2x+1 \ (-2 \leqq x \leqq 4)$

上のそれぞれについて、y の変域を考えてみます。

比例と一次関数は、x の変域の両端を式に代入すると、y の変域を出すことができます。直線なので y の変域を考える必要はないとも言えます。

反比例はどうでしょうか。よく考えてみたら、$-2 \leqq x \leqq 4$ という変域そ

のもの，つまり $x=0$ の場合の y の値を考えることがおかしいわけで，ナンセンスな問いと言えます。

　このように，これまでの学習に照らして考えれば，ここで変域の問題が扱われる意味が分かると思います。

4 変化の割合は一次関数と比較する

　関数 $y=ax^2$ の変化の割合は，一次関数と比較させるとよいでしょう。**一次関数の変化の割合は一定であり，関数 $y=ax^2$ の変化の割合が一定ではないことから，グラフの形に目が向く**のです。

　一次関数 $y=ax+b$ の変化の割合は，a となっていることも想起させていくとよいでしょう。関数 $y=ax^2$ の変化の割合は一定でありませんから，関数 $y=ax^2$ の変化の割合が a と言えないことに気付くでしょう。関数 $y=ax^2$ の変化の割合は，x の変化の範囲の指定がなければ断定できません。

　このようなアプローチをすると，関数 $y=ax^2$ の変化の割合はどのように表されるかに関心をもつ生徒が出てくるでしょう。そこで，x の変化を m から n と指定して，変化の割合を求めさせてみます。

$$
\begin{aligned}
変化の割合 &= \frac{am^2 - an^2}{m-n} \\
&= \frac{a(m+n)(m-n)}{m-n} \\
&= a(m+n)
\end{aligned}
$$

　学習指導要領ではここまで求められていませんが，上記のように**一次関数と比較する中で，自ずと関数 $y=ax^2$ の変化の割合の深掘りに進むことができます。**

　さらに，$a(m+n)$ の解釈までしておくとよいでしょう。この式から変化の

割合は一定ではないこと，m, nの値が大きくなるなど変化の割合が大きくなること，傾きで言えば急になることまで式から読み取らせておくと，生徒はたどり着いた式をより意味あるものと捉えることができます。

5 変化の割合を実感的に理解させる

変化の割合の例として，多くの教科書で「平均の速さ」が取り上げられています。生徒には分かりやすい題材です。次のようなやりとりをして導入するとよいでしょう。

先生 新幹線のスピードはどれくらいでしょう？
生徒 時速300kmです。
先生 そうですね。でも，それは最高速度です。新幹線は区間によっても最高速度は違っています。最高速度ですから，いきなり時速300kmを出すわけではありません。平均どれくらいのスピードが出ているでしょうか？
生徒 やはり区間によって違うのでは…？
先生 まったくその通りです。平均の速度の求め方は変化の割合と同じことなのです。

平均の速さは，「進んだ道のり÷かかった時間」で求められます。これは変化の割合を求めることと同じです。これによると，例えば，東京・新大阪間552.6kmを，新幹線は2時間33分で走りますから，

　平均の速さ＝552.6÷(153÷60)
　　　　　　＝216.705882…

と，時速217kmほどになります。東京・新横浜間28.8kmは，17分で移動します。

　平均の速さ＝28.8÷(17÷60)
　　　　　　＝101.647059…

東京・大阪間の半分のスピードしか出ていないことが分かります。

第3学年「データの活用」の授業づくりのポイント

1 第3学年で扱う「データの活用」の内容

第3学年で扱う「データの活用」の内容は，標本調査です。
母集団の一部分を標本として抽出する方法や，標本の傾向を調べることで，母集団の傾向を読み取れるようにします。
また，標本調査の方法や結果を批判的に考察したり表現したり，母集団の傾向を推定し判断したりします。

2 全数調査と標本調査を比較して指導する

標本調査が学習の中心となりますが，標本調査を理解させるためには，全数調査と比較させることが一番よいと思います。
例えば，**次の調査はどちらの方法がよいかを判断させる**ことから授業を展開することが1つの方法です。

> 生徒の健康状態を調べるために健康診断を…
> A　すべての生徒に行う
> B　何人かの代表生徒に行って全体を推測する

健康診断は毎年全生徒を対象に行っているので，迷わずAを選ぶでしょう。
続いて，次の問いを提示します。

> 缶ジュースの品質を調べるために…
> A　出来上がった缶ジュースすべてを検査する
> B　いくつかの缶ジュースを取り出して検査する

　すべての缶ジュースを開けて調べることはできないので，生徒はBを選択します。
　この後，全数調査と標本調査について，用語を含め，その内容を知らせます。

3 用語を丁寧に教える

　標本調査では，様々な用語が出てくるため，用語の理解が不十分だと，学習が定着しないことがよくあります（第3学年の卒業間近に行われることが多く，指導に必要な時間が確保されていないことも要因の1つです）。

> ①全数調査………ある集団について何か調べる際，その集団のすべてのものについて調べること（例　出荷される自動車）
> ②標本調査………集団の一部を取り出して調査し，全体の性質を推測する調査（例　マスコミが行う世論調査）
> ③母集団…………標本調査をするとき，特徴や傾向などの性質を知りたい集団全体
> ④標本……………調査のために取り出した一部の資料
> ⑤標本の大きさ…取り出した資料の個数
> 　③④⑤は一連の関係があり，例えば，1日に1万本生産する製品（母集団）の品質を調べたいときに，調査のために500本（標本，標本の大きさ）取り出すことを示す。

4 無作為抽出の意味を事例を通して考えさせる

批判的な考察する力を高めるためには，生徒が「おや？」と思う事象を示すことが有効です。例えば，標本調査をするときには，無作為抽出することが重要です。生徒は，この無作為抽出について，言葉のイメージからとても難しいものだと感じます。そこで次のような事例を通して考えさせます。

我が校の男子生徒340人の50m走の力を調べるために，次のように調査しようと思います。どの調査方法をとるべきでしょうか。

A　男子全員の50m走のタイムを集め，340人の平均を出す。

B　各学年1クラスずつの男子の50m走のタイムを集め，その平均を出す。

C　陸上部に所属する男子生徒の50m走のタイムを集め，その平均を出す。

あくまでも，Cの方法が適切ではないことを認識させるための問いかけです。厳密に考えれば，とても難しい概念です。どの資料が取り出されやすく，どの資料が取り出されにくいということがないように，各資料の取り出され方が，同様に期待されるようにしなくてはいけません。それ相応の抽出技術がいると言われています。

5 適切でない標本調査事例をつくらせる

生徒の身近にも，全数調査や標本調査の事例はたくさんあります。

時には，生徒に適切ではない調査事例をつくらせると標本調査の理解が深まります。

・中学生が好きなアプリ調査を昇降口で聞く
　→特定学年の生徒だけが出入りする昇降口だと結果に偏りが出る。
・読書をするかしないか調査をする
　→朝の読書タイムで全員読書をしているので，無意味な調査になる。
・自分のHPで呼びかけて，好きなタレント調査をする
　→HPを見ている人に偏りがあるはずで，調査結果に偏りが生じる。
・校内で一番優しい先生のアンケートを全生徒に聞く
　→全生徒が全教師を知っているわけがないので，無意味な調査になる。

---

6 標本調査の小咄

　数学の授業にも，笑いがあるとよいものです。標本調査をネタにした知的な小咄です。覚えて生徒の前でやってみてください。

（お医者さんが，患者さんに丁寧に話しかける雰囲気を出して）

医者　奥さん，検査の結果が出ましたよ。安心してください，大丈夫でしたから。それと1つ，今後のために言っておきますが，（間を少しあけて）おしっこはあんなにたくさん持って来ることはありませんから。奥さん，瓶にいっぱい入れてきたでしょ。

　このお医者さんの話を聞いて，診察室から待合室に出た奥さんが，携帯で電話を始めます。

（安心した感じが伝わるように明るい声で）
奥さん　あっ，お父さん，今検査結果が出たの。大丈夫よ，安心して。おじいちゃんも，おばあちゃんも，お父さんも，私も，犬のポチも，みんな大丈夫だったから。

第6章

新しい学習指導要領を具現化するための数学教室づくり

CHAPTER
6

「主体的・対話的で深い学び」を生み出す教室づくり

1 数学を追究できる教室に育てる

　かつて愛知教育大学附属名古屋中学校に6年間勤務しました。附属中の使命の1つは，多くの学校の参考となる教育活動を生み出して発信することです。そのため，毎年10月には研究発表会を開催し，提案型の授業を実際に見てもらうことが責務となっていました。

　したがって，附属中に勤務していたときほど数学教室づくりを意識して取り組んだことはありません。短期間で，生徒が数学を話題にして話し合える教室をつくらなければならないからです。

　4月に新たな学級で数学授業が始まります。通常は3月までの1年をかけて，徐々に生徒が数学を楽しみ追究する教室にすればよいのです。

　ところが，附属中は例年10月はじめに研究発表会がありますので，4月から9月末までに，生徒たちで数学を追究できる教室に育てなくてはいけません。しかも，8月は夏休みで授業がないため，ほぼ5か月しか時間がないのです。

　発表会で数学授業を見ていただいた折に，「実は来年3学期には，生徒がさらに育っていますから，そのときにこそぜひ見に来てください」などとは言えません。生徒が数学を追究する姿を見て感心し，このような生徒に育てるためには，どのような教科理論を構築しているのだろうかと，参加者に思っていただくため，数学教室づくりに必死でした。

2 短期間での数学教室づくりから見えてきたこと

　短期間での数学教室づくりから見えてきたことがあります。**「数学的な見方・考え方」は，教師が意識して価値付けないと生徒には浸透しない**ということです。「数学的な見方・考え方」を意識させることが，「深い学び」を生み出すための必須条件なのです。
　4月，5月のほぼ2か月は，生徒に「数学的な見方・考え方」を意識させるための発問をしつこく投げかけました。
　「○さん，正の数と負の数のことを言えば，すべての数のことを言ったように思っているようだけど，本当にそれでいいの？」
　「ひき算をたし算と考えることができることが，なぜいいの？」
　「x が入っていると方程式だと言ったね。では，$2x+3$ も方程式だよね？」
　このように，生徒をよい意味で数学的に鍛えるのです。2か月も経つと，生徒の数人は自分の発言を数学的に突っ込まれないだろうかと用心するようになります。級友の発言を数学的に無理はないか，落としている部分はないかなどと考えながら聞くようにもなります。つまり，5月には，教師が発した数学的なツッコミを生徒ができるようになってくるのです。
　6月ごろからは，上記のような生徒を意識的にほめ，そうした生徒が増えるように努力します。それには一人一人への対応を欠かすことはできません。個人追究の折にはできる限り一人一人のもとに行き，課題解決に向かっている状況を把握し，そのよさを価値付けするように心がけました。
　すべての生徒が自ら発言するわけではありません。そのためには個への対応時にその生徒の考え方を捉え，意図的指名によって発言させ，大いに称賛してやることが，「数学的な見方・考え方」を培う原動力になるのです。
　短期間で数学教室づくりをしなければならない特殊事情から心がけたことですが，まさに「深い学び」を生み出すために有効な手法だと思います。

3 「主体的な学び」を生み出すために

　生徒に「主体的になりなさい」と言うだけでは，そうはなりません。少しずつ主体的になるように生徒を変化させていくしかありません。そのためには，**授業の中で「自己選択」をさせる場面を多くつくる**ことが有効です。
　例えば，「三角形の内角の和は180°である」ことを明らかにした後に，「次は何を考えたいか」を生徒に問うのです。あるいは，「先生は次に何と言うでしょう」と予想させるのです。
　数人の生徒が「四角形の内角の和」とか「三角形の外角の和」などと発言することでしょう。そのときにこそ，「このように自ら考えることを『主体的である』と言うのですよ」と価値付けるのです。教室の中で価値の共有を図るのです。心ある生徒は，教師が示した価値を自分も生み出そうとすることでしょう。
　習熟させる場面においても自己選択の場面をつくります。
　「自信がある問題に何問も取り組んでもむだですね。この問題はちょっと難しそうで自信がもてないという問題に取り組んでみましょう。自ら選択できる力もとても大切です」
などと投げかけるのです。**指示されたから取り組むという状況を少しずつ少なくしていくことが，生徒の主体性をはぐくむことにつながります。**

4 「対話的な学び」を生み出すために

　「対話的な学び」を生み出すためには，そもそも対話とは何かをつかんでいなくてはいけません。簡単に言えば，
　「各自が自分の考えを表現し，その多様な表現を共有し，そこから自分の考えを見通しつつ，他者の考えから学び，相互に発展させていくこと」
です。

「他者の考えから学び，相互に発展させていく」という部分が特に重要です。つまり，ここで言う対話は，**ペアやグループで話すだけでは足りない**ということです。生徒が級友と話すことを通して，自分の考えに確信をもったり広げたりすることができてこその対話なのです。また他者には，教師や先哲の考え（書籍や資料など）も含まれていますので，例えば，資料を基に自分の考えを修正することも対話と言えます。

　したがって，ペアやグループでの話し合いを指示したら，教師は生徒が真の対話をしているかを見取るために，生徒の傍らに行き，その内容を聞かなければいけません。もちろん1単位時間ですべての生徒のところへは行けないので，数時間で全体を回るということにすればよいでしょう。

　そして大切なことは，**対話の価値付け**です。例えば，あるグループが次のような対話をしていたとしましょう。

　「ここに補助線を引いたら角度が分かるよ」

　「あっ，そうだ。でも，どうしてそこに補助線を引いたの？　こっちではダメなの？」

　「補助線を引くと，三角形の内角と外角の関係が使えるから。こっちに引いてもできるかもしれない」

　このような対話を聞き取ることができたのなら，ぜひとも学級全体に広げたいものです。意図的指名をして，そのグループでの話し合いを再現させるとよいでしょう。その上で，改めて「これが対話というものだよ」と価値付けするのです。

　こうした地道な取組を重ねることで，徐々に教室の中に真の対話が生まれてくるでしょう。

考えを表現し伝え合う活動ができる集団づくり

1 教師が正誤判定者になってはいけない

これまで多くの中学校の数学授業を見てきましたが,教師の話はしっかり聞かせようとするのに,生徒の考えはしっかり聞こうとしない教師が多いというのが,正直な感想です。

もちろんすべての数学教師がこうであるとは言いませんが,この傾向は強いと思います。「生徒に発言させようとしていますが,なかなか発言しないのです」と愚痴りたくなる方もあるでしょう。

こうすれば生徒が一変するという手立てはありませんが,授業開きの日から,考えを発表させてほめることを重ねていくことが大切です。

中には「発言とは正解を言うことだ」と思い込んでいる生徒がいます。このように考えている生徒が多ければ多いほど,できる・分かる生徒だけが活躍する授業になってしまいます。

こうした数学教室にしないためには,ふざけた発言や人を中傷する発言以外は,**何を言ってもよいという雰囲気づくりが大切**です。

「それほど発言する機会をつくることができないのです」という方がいます。そのような方は,「正解が出ると終わり」と考えている場合が多いと思います。具体的には次のような感じです。

教師 はい,これについて分かる人?
生徒 (挙手)$3a+b=500$です。
教師 残念だけど,ちょっと違うね。他にはありませんか?
生徒 (挙手)$4a+b=500$です。

教師 そう，$3a$ではなくて$4a$だね。よし，正解だ。

　教師が正誤の判定役になっていて，正解が出るとその話題を終え，次に進む授業が実は多いのです。これでは，自ら発言したり表現したりしようとする生徒を育てることはできません。

　まずは次のように展開してはどうでしょう。

教師 はい，これについての考えを聞くよ。はい，あなた。

　このように，教師から指名をします。

生徒 $3a+b=500$です。

教師 なるほど。はい，あなた。

　生徒が発言したことを認めて（正解かどうかは判定しない），次から次に指名します。

生徒 $4a+b=500$です。

生徒 $3a+b=500$です。

生徒 分かりません。

教師 次の機会には答えてね。

生徒 $4a+b=500$です。

教師 ありがとう。2つの考えが出ましたね。どちらかは正解ですか？　それとも2つとも正解？

　このように教師が正誤を判定しません。生徒に判断させるのです。いずれにしても，上記の例では考え方が述べられていないので，そのようにした理由を聞かなくてはいけません。そうすると，発言させる機会は自然に増えていきます。

2 考えを表現する喜びを感じさせる

　教室は発言する場だという雰囲気ができてきたら，次の段階を目指します。

　例えば，負の数-5を示して，「この数をいろいろな言い方で表してみよう」と投げかけます。

－5ですから「0より5小さい数」と生徒は発言するでしょう。あえて他の言い方をさせてみるのです。無理矢理発言をさせると，生徒は思いもよらない言い方をします。
「数直線で0より5つ左にある数」
「あと5大きいと0となる数」
「－4より1小さい数」
などと，生徒は思いもよらない発想で表現します。こうしたときは，「なるほど，それには気付かなかった」などと返すことから笑いが起きるものです。**教室に笑いが起きるのは，それだけ他人の発言に注目しているということです。**

大した発問でなくても，このように豊かに発言させる機会をつくることができます。もちろん多様な表現をした生徒は大いに称賛し，そうした生徒を教室に徐々に増やしていきます。

3 伝え合う活動ができる集団づくりのコツ

授業で対話をさせることが多くなってきました。生徒は対話することを結構楽しみにしています。

その対話をよりよくし，真の伝え合う活動とするためには，やはり教師の働きかけが大切です。

単に「隣同士で話し合いなさい」という指示と，話し合い後に「話し合ったことを発表してください」という指示だけでは，対話力は育ちません。

そこで，育てるためのコツをお伝えします。

まず，ペアやグループで話し合っている学級全体の様子を眺めましょう。注目するところは，**友達と関わろうとしていない生徒やグループから離れている生徒はいないか**です。そういう生徒がいなければ，安心して見ていればよいのです。神様ではないので，すべてのペアやグループでの話し合いを聞き取ることはできません。

また，**ペアやグループでの対話時間はあまり長く取らない方がよい**と思います。これは経験的に確信していることです。生徒からもう少し時間がほしいと言われて，提示した時間を延ばす先生がいますが，延ばしたところでよい話し合いができたケースを見たことがありません。

　発表のさせ方ですが，ぜひとも教師の意図的指名をすべきです。教師の観察力を生かす場面です。

　「君たちはこちらから見ていて，とてもいい感じで話し合っていました。君は手でも表現しながら説明していましたね。とてもよいことです。ぜひ発表してください」

　このように価値付けした上で意図的指名をします。中学生でもこうした教師の価値付けを意識して，前向きに考え，やってみようと思います。どのような姿がよいのかが分かっていないだけなのです。

　ペア対話は，授業の終末に入れることもおすすめします。

　「今日の数学授業で一番大切にしたいことについて伝え合ってください」
という指示をして活動をさせます。ただし制限をつけます。

　「AさんからBさんに30秒で伝えてください。Aさんは黒板やノートを見ないで，浮かんだことを話してみましょう。BさんはAさんの話をにこにこして聞いていればよいのです」

　時間は教師が指示をします。慣れてくると，核心を外さず，コンパクトに伝えることができる生徒が増えてきます。

　教師は，生徒の様子を見ながら，上記のように価値付けて，**「2人で伝え合ったことをみんなの前で再現してください」**と指示をします。

　体験が重なってくると，教師が補足する必要がないまとめ方をする生徒が現れてきます。ぜひ実践してみてください。

ごく自然に数学用語・記号が飛び交う教室づくり

1 教師が数学用語・記号を使っていない

　小見出しを見て，はっとされた方，私はそのようなことはないという方，確かにそういう教師が多いと思われた方など，捉え方は様々でしょう。
「数には正の数と負の数があるよね」
　いちいち０と言う必要はないかもしれませんが，この言葉を記憶した生徒は，うっかり０を外してしまうかもしれません。
「方程式の答えはいくつでしょう？」
「解」という言葉を押さえたにも関わらず，私自身もうっかり言ってしまうことがありました。
「５－（－３）＋４」を読むときに「５マイナス　マイナス３　プラス４の答えは？」
　教師が演算記号と符号の区別をしていなければ，生徒は混乱します。
「グラフはまっすぐだね」
「直線」という言葉を教えているので，教師は「まっすぐ」と言わない方がよいでしょう。もっとも意識して「まっすぐ」と表現し，「数学的用語ではどう言っていましたか」と聞くのであれば別です。
　（円の学習において）「この先のところの角ね」
　教師は「円周角」を示していました。生徒は教師の言葉に習って「先のところの角は…」と表現していました。もちろん，どこの角を言っているのかは分かりますが，**学習した用語や記号を教師がきちんと使わなければ，生徒には定着しません。**

2 数学用語・記号を使ったときに軽くほめる

　教師が意識することで，ごく自然に数学用語や記号を活用する数学教室になりますが，さらに，生徒が用語等を使った場合には，軽くほめることを忘れてはいけません。
　「いいねぇ，『解は…』と言えたね。答えと言わないのがいい」
などと，よさに触れることです。
　中学生ですから，あまりほめすぎると「こんなことは当たり前」と思う生徒がいるでしょうから要注意です。
　ペアやグループで話し合わせたときには，次のように聞くことも用語を大切にする教室づくりにつながります。
　「よく話し合うことができたね。我がペアは数学の用語をきっちり使って話すことができたというところは手をあげて」
　このような質問をすることで，用語を使うことが大切であると生徒は意識します。
　さらに発表に際して，「きっちり数学用語を使ってください」と指示をして，生徒が活用するたびに黒板に正の字を書いたこともあります。ときどきこうした試みをすることも有効です。
　単元ごとに出てきた数学用語をカードにして黒板に貼ったり，掲示物としていたりする教室を見たことがあります。いわゆる「数学専用教室」が設定されている学校です。生徒の意識化においてはとても有効です。

知識・技能がきっちり定着する教室づくり

1 知識・技能を定着させる前の教師の心構え

　知識・技能を定着させる前に，知識・技能をしっかり理解させることが重要です。当たり前のことですが，すべての生徒に理解させるのはとても大変なことです。不可能なことだと言っても，「言い過ぎだ」という方はいないでしょう。
　しかし，このことを当たり前だとして授業をしていたのでは，生徒の知識や技能の理解は低くなってしまいます。数学教師であれば，**何としても全員に理解させるという気概を常にもっていたい**ものです。

2 知識・技能の定着のさせ方

　「分かる（理解）」ことと「できる」ことは別物です。分かっていてもできないことは多々あるものです。たまたまできた，ということもあります。
　このことを踏まえて，授業では次のような取組を行っていました。式の展開の授業を再現します。
　「式の展開の練習をして，『分かる』から『できる』にしましょう。今から黒板に次から次へ問題を書きます。指名された人はすぐに答えを言ってください。私は『分かる』と『できる』は違うと考えています。この場合，できると言えるのは，連続して3問正解したときです。3問連続して正解したときは他の人を指名します。途中で間違えた場合は，新たに連続して3問の正解を求めます」

このように「できる」ことの定義をはっきりさせて，式を板書して生徒を指名します。
$(a+3)(a+4)$
$(a+3)(a-4)$
$(a-3)(a+4)$
　このように式を少しずつ変化させていき，式と答えの関係を改めて把握させます。
　学習が済んでいるので，当然，しっかりマスターしている生徒がいます。それらの生徒を最初に意図的に指名します。その生徒に**「できる」とはこれくらいのスピードで解答できる状態だとモデルになってもらう**という意図です。自分はできるようになったと思っている生徒には，他人のスピードが刺激になります。
　指名を徐々に自信がなさそうな生徒に広げていきます。それまで何問も見ていても，間違える場合があります。自信がないので緊張感も走って，つい間違えてしまいます。
　そういう場合は，例えば，$(a+3)(a-4)$の後に$(a+3)(a-5)$を提示するなど，**ほんの少しだけ変化させて，連続３問正解ができるように配慮することが大切**です。「自分もできた」という気持ちをもたせ，次への原動力にさせるのです。
　時には教師自身がモデルとなるのもよいことです。例えば，「プロ教師は因数分解をこれくらいのスピードで解答できることを見せてあげよう」と，生徒に教科書の因数分解の問題を指定させ，数十秒で解答して驚かせたこともあります。よくできる生徒は挑戦したくなるものです。翌日，「先生，僕がやってみるので問題を指定して」と言っている生徒もいました。**「できる」レベルを教師が見本を見せて示すことも，知識・技能を定着させる一方法**です。

ICT 等を効果的に活用する教室づくり

1 学習指導要領解説から ICT 活用を確認する

新しい学習指導要領の解説には,次のように記載されています。

> 各領域の指導に当たっては,必要に応じ,そろばんや電卓,コンピュータ,情報通信ネットワークなどの情報手段を適切に活用し,学習の効果を高めること。

「主体的・対話的で深い学び」に関連して,これまでにない活用方法が書かれていることにも着目しておきましょう。

> 「主体的・対話的で深い学び」の過程において,コンピュータなどを活用することも効果的である。例えば,一つの問題について複数の生徒の解答を大型画面で映して,どのような表現がよいかを考えたり,1時間の授業の終わりにその授業を振り返って大切だと思ったことや疑問に感じたことなどをタブレット型のコンピュータに整理して記録し,一定の内容のまとまりごとに更に振り返ってどのような学習が必要かを考えたり,数学の学びを振り返り「数学的な見方・考え方」を確かで豊かなものとして実感したりすることの指導を充実させることもできる。

学びの共有にコンピュータが有効活用できると明言されています。「我が校はこのようなことができる環境にはない」という方もあるでしょう。今後

の整備の方向をしっかり記憶しておき，機会を見つけて提言していくとよいと思います。

2 デジタル教科書の位置付けが明確になる

　文部科学省で長く検討されてきたデジタル教科書ですが，2018年2月の「『デジタル教科書』の位置付けに関する検討会議」で，最終まとめが出されました。こうしたことも知っておきましょう。要点のみを記しておきます。

> ・紙の教科書とデジタル教科書の学習内容（コンテンツ）は同一であることが必要。
> ・紙の教科書を基本としながら，デジタル教科書により学びの充実が期待される教科の一部（単元等）の学習に当たって，紙の教科書に代えて使用することにより，「使用義務」の履行を認める特別の教材としてデジタル教科書を位置付けることが適当＝「併用制」
> ・紙の教科書等による学習が困難な障害のある児童生徒のうち，デジタル教科書の使用による学習が効果的である児童生徒に対しては，より積極的な使用を可能とすることが望ましい。
> ・紙の教科書のみを使用する児童生徒との公平性の観点や，紙の教科書を基本とする使用形態等から，紙の教科書とデジタル教科書の双方を無償措置の対象とすることは直ちには困難。

　デジタル教科書の普及には，かなり時間がかかると読み取れる文章です。ただし留意しておきたいのは，ここで示されているデジタル教科書は，生徒一人一人が手にするもので，「学習者用デジタル教科書」を指しています。教師が使うデジタル教科書は，「指導者用デジタル教科書」と呼ばれ，こちらはかなり普及しています。

3 指導者用デジタル教科書を使いこなす

　指導者用デジタル教科書は，かなり広がっていますので，すでに活用している方も多いでしょう。
　指導箇所を単純に大きく示すだけでも教育効果があるものです。また，準備の手間もなく，効率化を図れます。時間が生み出せたことで，これまでにない問いも発することができるでしょう。
　例えば，多くのデジタル教科書には，記述の一部を隠す（マスキング）ことができる機能があります。隠れている部分はクリックすることで現れるようになっています。

> 　加法では，どんな正の数の場合でも，
> 　　　$3+4=4+3$　　　$(3+4)+5=3+(4+5)$
> のように，
> 　　　$a+b=b+a$　　　$(a+b)+c=a+(b+c)$
> が成り立ちます。これらをそれぞれ，
> 　　　加法の ▮▮▮▮▮　　　加法の ▮▮▮▮▮
> といいます。
> 　これらの法則は，負の数がふくまれる場合にも成り立ちます。

　このままでも活用できますが，提示することで板書時間が減ったわけですから，その時間を有効に使いましょう。
　例えば，「この法則は『負の数がふくまれる場合にも成り立ちます』と書いてあるから，減法の交換法則もあるということですね」と，ぼけてみることも有効です。こうした教師の言葉に疑問をもたない生徒は少なからずいるはずです。このように，**すでに用意されているコンテンツをより有効に使うための方法は様々あります**。ここを隠すことでさらに疑問をもたせることができるのではないかなど，新たな視点でコンテンツを見て使うことで，指導

者用デジタル教科書をより生かした授業ができます。

4　1人1台の情報端末活用の可能性

　学習者用デジタル教科書を使っての授業は，1人1台の情報端末があってのことなので，普及にはまだまだ時間がかかります。しかし，学校に40台ほどのタブレット端末が導入されていて，1人1台端末が実現できる学校は，かなりの数になると思います。

　1で引用した「一つの問題について複数の生徒の解答を大型画面で映して，どのような表現がよいかを考え」るという方法は，まさに1人1台活用の典型的例です。ネットワークを活用して，学級全員の記述を集めることも容易になりました。

　また，**4人ほどのグループに一台の情報端末を渡して，課題を追究させることもあります。**1人1台端末になる前段階のよい使い方だと思います。

　右の写真は，1台のタブレットを4人で活用しているときの一例です。四角形の辺の中点を結んだときにできる四角形の特徴を調べているときの様子です。タブレット画面上の図形をそれぞれが指で動かして，その特徴を捉えようとしています。タブレット活用ならではの実践です。マウスが必要ないため，だれもが自由に図形を動かすことができ，話し合いが活発になります。

あとがき

　振り返れば，自分の数学授業力を一気に高めることができたのは，平成2年から勤めた愛知教育大学附属名古屋中学校での6年間でした。

　その当時，附属中の生徒の多くは，塾に通ったり，家庭教師から指導を受けたりしていて，授業の前にすでに学習内容を把握していました。例えば，「三平方の定理」に入る前に，学級の8割ほどは，定理について知っているばかりか，活用題もかなり解ける状態になっていたのです。

　そのため，附属中では工夫した導入，展開をしなければ，生徒は授業をまともに受けてくれません。あまりにも授業態度が悪い生徒を叱ったところ，「先生の授業がおもしろくないからです」と言われ，帰宅途中に車ごと川に飛び込もうと思ったという同僚がいました。

　もちろん私も，赴任当初は授業づくりに苦しみました。何としても，生徒自らが考え，互いに深め合う授業をしたいという思いで，日々奮闘しました。そのうちに気が付きました。生徒は，確かに数学のテストの点数はよいものの，数学の本質やおもしろさを分かっておらず，数学の有用性も感じていなかったのです。

　これで授業づくりの方針が決まりました。改めて学習指導要領やその解説書に目を通すと，確かに生徒の数学観を豊かにすることや，数学の楽しさを知らせること，数学的な見方や考え方を育成することが重要である，といったことが書かれていました。

　しかし，その当時の解説書も，具体的にどうすればよいのかといった提案

は乏しく，学習指導要領に示された事項の具現化に向けて苦闘の日々でした。

　このたび明治図書の矢口郁雄さんから，「新しい学習指導要領を，具体的にどのようにして授業に落とし込めばよいのかを知りたい中学校数学科の先生方に向けて本を書いてみませんか」という提案をいただきました。学習指導要領を必死に読み解き，授業に反映させるための戦いの日々を思い出した次第です。

　この本は，いわば私の数学授業づくりの奮闘から会得した多くの事柄を新しい学習指導要領と対応するように整理したものです。すぐにでも授業をしてみたいというお気持ちになった方も多いのではないでしょうか。

　また，これまでに発刊させていただいている『スペシャリスト直伝！　中学校数学科授業成功の極意』『わかる！楽しい！　中学校数学授業のネタ100（学年別）』（いずれも明治図書）とあわせて読んでいただくと，私が数学の授業をつくる上でどのように考え，工夫してきたかなどを，すべて分かっていただけると思います。

　今回もこれまで同様に，明治図書の矢口郁雄さん，大内奈々子さんには大変お世話になりました。このように読みやすく分かりやすい本となったのは，何よりもお二人のおかげです。皆様に自信をもっておすすめできる書籍となりました。

　2018年5月

玉置　　崇

【著者紹介】

玉置　崇（たまおき　たかし）

1956年生まれ。公立小中学校教諭，国立大学附属中学校教官，中学校教頭，校長，県教育委員会主査，教育事務所長などを経て，平成24年度から３年間，愛知県小牧市立小牧中学校長。平成27年度より岐阜聖徳学園大学教授。

文部科学省「教育の情報化に関する手引」作成検討会構成員，「学校教育の情報化に関する懇談会」委員，中央教育審議会専門委員を歴任。

著書に『スペシャリスト直伝！　中学校数学科授業成功の極意』（明治図書，単著），『わかる！楽しい！　中学校数学授業のネタ100　１～３年』（明治図書，編著），『中学１～３年の学級づくり　365日の仕事術＆アイデア事典』（明治図書，編著），『主任から校長まで　学校を元気にするチームリーダーの仕事術』（明治図書，単著），『「愛される学校」の作り方』（プラネクサス，共著），『落語家直伝　うまい！授業のつくりかた』（誠文堂新光社，監修）など，多数。

中学校　新学習指導要領　数学の授業づくり

2018年７月初版第１刷刊	©著　者	玉　置　　　　崇
2021年５月初版第４刷刊	発行者	藤　原　光　政
	発行所	明治図書出版株式会社

http://www.meijitosho.co.jp
（企画）矢口郁雄　（校正）大内奈々子
〒114-0023　東京都北区滝野川7-46-1
振替00160-5-151318　電話03(5907)6701
ご注文窓口　電話03(5907)6668

＊検印省略　　　　組版所　長野印刷商工株式会社

本書の無断コピーは，著作権・出版権にふれます。ご注意ください。

Printed in Japan　　ISBN978-4-18-286417-9
もれなくクーポンがもらえる！読者アンケートはこちらから →

わかる！楽しい！中学校数学授業のネタ100

玉置 崇 編著

生徒の理解がグンと深まる説明ネタから
定番教材を10倍面白くする課題ネタまで

普段の授業！で使えるネタ満載！

1年 2年 3年

A5判／128ページ
本体各 1,860円＋税
図書番号：1131〜1133

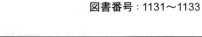
http://www.meijitosho.co.jp
＊併記4桁の図書番号（英数字）でHP、携帯での検索・注文が簡単に行えます。
〒114-0023　東京都北区滝野川7-46-1　ご注文窓口　TEL 03-5907-6668　FAX 050-3156-2790

＊価格は全て本体価格表示です。